NHK BOOKS
1288

哲学と科学［改版］

omodaka hisayuki
澤瀉久敬

NHK出版

解説　あらためて「学問とは何か」を問う

山本伸裕（倫理学者）

文学部不要論？

科学者がほんとうに偉大な科学者になるためには、その専門だけにとどまっていてはいけないので、「存在一般に関する知識」つまり、「哲学」を自ら勉強すべきであると思うのです。自分は科学者であるからと考えて、その狭い専門領域に閉じこもり、存在一般とか人生全体とかに対する哲学的理解を深めようとしないならば、その人は一人の科学者となることは出来ても、ほんとうに立派な学者となることは難しいと思います。（本書一八三頁、傍点原文）

本書の著者・澤瀉久敬（おもだかひさゆき）が主張するように、科学者は本来そのような心構えをもって学問研究に向き合わなければならないはずである。今から半世紀以上も前に、新たに立ち上がった日本社会に向けて発せられた著者の警句は、現代を生きる私たちにどのように消化されてきたと言えるだろうか。

十年くらい前のことだったか、国立大学の文学部を廃止しようという議論が、広く世の人々の耳目を集めたことがあり、現に私の周囲からも、文学部廃止論に同調する意見は少なからず聞かれた。そうした声を耳にするにつけ、文学部での学びを経て学問の世界の末席を汚し続けてきた私自身、やりきれなさと言うか、非常な肩身の狭さを感じてきたものである。

私がここ十数年来、力を入れて取り組んできた研究テーマの一つに、近代日本における「哲学」の形成と展開というのがある。学部や学科の価値は偏差値や志願倍率の高さで決まると考えている人には、にわかには信じ難いことかもしれないが、明治から昭和初期頃までの「大学」の諸々の学部の序列の中で最上位と見なされていたのが文学部で、なかでも哲学は「百科の理学」を束ねる「中央政府」（井上円了「哲学ノ必要ヲ論シテ本会ノ沿革ニ及フ」『哲学会雑誌』創刊号）になぞらえられるほど、要となる学と位置づけられていたのである。

本書の中で熱く語られるのは、「哲学」と「科学」は決して反目し合う関係にはないこと、「学問」が真に「学問」であるためには、その根底に、必ず存在の全体を対象に営まれる学、すなわち森羅万象が内奥においてどのように繋がり合っているかを問う「哲学」がなければならないということである。著者によって示されるそうした学問観は、曲がりなりにもアカデミックな世界に生きてきた人間であれば誰しもが同意する、当たり前すぎるほど当たり前のことのように私には思われる。にもかかわらず文学部不要論が世論を賑（にぎ）わせたといった事実は、今日でもなお、その当たり前が決して当たり前ではないことの一つの証左と言えるであろう。

一般向けに書かれた本書の中で懇切丁寧に語られているのは、学問に向き合ううえで「いろは」の「い」にあたるような基本姿勢にほかならないのである。

生涯の仕事

ところで、本書を手にされた読者のうち、どれほどの人が澤瀉久敬という人物の仕事について知っておられただろうか。ある程度知っていた、あるいは名前くらいは聞いたことがあったという人ですら、さほど多くないのではないだろうか。

澤瀉久敬は、近現代日本の哲学研究において二つの領域を切り拓いた、紛れなき哲学界の功労者の一人である。その功労の一端は、学者として文学博士と医学博士の二つの学位を有する稀有な存在であるといった事実からも、うかがい知ることができるであろう。わけても、生涯の学者人生で「医学の哲学」の礎を築くという孤高の大仕事をなしたことは特筆に値しよう。

名前が広く世間に知られているという事実は、必ずしもその人物がなした仕事の意義や価値をはかる判断基準とはならないことを、私たちは多くの事例を通じて経験的に知っている。特に思想・哲学に関わる仕事の場合には、評価が定まるまでに百年単位の時を要するということはざらにあることである。一九九五（平成七）年にこの世を去っている澤瀉久敬も、そう遠くない未来に、その生涯の仕事の意義がまっとうに評価されてよい哲学者の一人であると、私は確信している。

一九〇四（明治三十七）年に三重県伊勢市に生まれた澤瀉は、宇治山田中学校（現在の三重県立宇治山田高等学校）を卒業すると同時に故郷を離れ、京都の第三高等学校（現在の京都大学総合人間学部および岡山大学医学部の前身）に入学している。その後、京都帝国大学文学部哲学科、および同大学の大学院に進学。在学中は西田幾多郎（一八七〇―一九四五）、田辺元（一八八五―一九六二）、九鬼周造（一八八八―一九四一）といった、日本の哲学界を代表する錚々たる人物の謦咳に接している。

一九三五（昭和十）年から二年間のフランス留学を経て母校京大の教壇に立ち「哲学」を教えるようになったのは、留学から帰国した翌年の一九三八（昭和十三）年のことである。そしてその三年後の一九四一（昭和十六）年には大阪帝国大学に職を得て、医学部や文学部を中心に、定年を迎える年まで、哲学関連の講座で教鞭を執り続けている。文学と医学の二つの博士号を授与されたのは、無論、長年の学問上の業績が評価されてのことである。

本書で真正面から取り上げられるのは、哲学と科学はどのような関係にあるのかといった、向学心の芽生えた学徒であれば誰もが一度は抱くであろう、ごく素朴な疑問である。この疑問に対して示される答えは極めて明快で、学問の完全性が保たれるには哲学と科学の両方が欠かせないという、大概の学者にとってはあらためて指摘されるまでもないような基本的な事柄である。だが、わかりきった事柄を、一から懇切丁寧に、誰にでもわかりやすく説明するといった作業には、たとえば「なぜ人を殺してはいけないのか」といった質問に答えることが容易ではないように、得てして想像以上の難しさがつきまとうものなのである。

本書の一文一文には、学問を愛してやまない著者の情熱のほとばしりが感じられる。そうした学問に寄せる熱い思いが、いまいちど知識や感情の根源に立ち返って、伝えたい事柄の構造を言語化するといった地道な作業に著者を駆り立てる原動力となっていることは間違いない。極力平易な言葉を用いつつも、核心を鋭く抉る澤瀉の仕事は、一見、易しいようで難しい、真に一流の知識人にしかなし得ない達人芸と言っても過言ではないであろう。

本書が出版された一九五〇年代から六〇年代当時、初学者に繰り返し問われてきた素朴なテーマをめぐって、深い学識を背景に一般読者向けに平易な言葉で語れる人物として、澤瀉久敬以上の適任者は、私にはなかなか思い浮かばない。

原点としてのフランス哲学

澤瀉久敬が、日本の哲学界において二つの新領域を切り拓く金字塔的な仕事をなし得たのは、自身の哲学の足場がフランス哲学に置かれていたことと深く関係している。

本邦初のフランス哲学の独立講座が大阪大学文学部（当時は法文学部）に開設されたのは、

一九四八（昭和二十三）年秋のことである。以降、二十年の長きにわたって講座を守り続けた澤瀉は、自身がフランス哲学を研究するようになった経緯について、日仏哲学会の発会を記念して行われた講演の中で次のように振り返っている。

――もともとフランス語やフランス文化に憧れていた自分は、第三高等学校時代にはフランス語を履修していたが、哲学科に進学した当時はドイツ哲学が主流で、フランス哲学の講義は行われていなかった。そのため卒業論文はドイツの哲学者シェリング（一七七五―一八五四）で書くことも視野に入れていたのだが、西田幾多郎教授に相談したところ、メーヌ・ド・ビラン（一七六六―一八二四）について書くことを勧められた、と（澤瀉 一九八四）。

メーヌ・ド・ビランという哲学者の名を知る人は少ないであろう。フランス革命の時期などと重なる十八世紀末のフランスで活動したビランは、十九世紀の終わり頃には、ヨーロッパの思想界では三流、四流の思想家であると見なされてほとんど顧みられることのない存在になりかけていたようである。しかしながらビランの哲学は、二十世紀初頭に「生（せい）の哲学」を唱えてフランス近代哲学の一潮流を生み出したアンリ・ベルクソン（一八五九―一九四一）の思想の源となったとも言われるように、現代の視点からあらためてその真価が問われるべき哲学者の一人であることは確かであるように思われる。

澤瀉いわく、他の多くの哲学者たちの哲学上の主題が「人間は何を認識し得るか」に置かれていたのに対して、メーヌ・ド・ビランの哲学上の主題は「人間は何をなし得るか」に置かれていた。「何を認識し得るか」といった課題に向き合うには、外的諸感覚を通して存在そのものを観察・分析しようとする姿勢が求められることになる。そうした哲学上の探求姿勢は、科学における探求姿勢に通じるところがある。一方、「何をなし得るか」といった課題に向き合おうとする際には、抽象的な理念や観念ではなく、具体的な「生」の現実、身体に根差した実践性が問われることになる。したがって、そうした哲学課題に答えるためには、現存する自己の心身に直接・具体的に経験される事実に基づく考察がどうしても必要になってくる。

私たちの日常の生活は、必ずしも実体＝物質に還元することのできない「力」の発動性のうえに営まれていると言うほかない。「力」の発動性というのは、心のはたらきとか精神の自発性などと言い換えることもできようが、実際、私たちを突き動かしてやまないのは、外的な観察や分析では摑(つか)み切れない内的な力でもあるのである。要するにメーヌ・ド・ビランの哲学の特色は、物質にも精神にも還元できない「生」の現実を成り立たせている根源的原理に目を向けようとするところにあるということなのだが、ベルクソン、さらにはメルロ＝ポンティ（一九〇八—六一）へと受け継がれていくフランス近代哲学の「生の哲学」に、日本の哲学者としていち早く着目した一人が、澤瀉にビランの研究を勧めた西田幾多郎だったのである。

哲学を敬遠したり毛嫌いしたりする人の多くは、不必要に晦渋(かいじゅう)であるとか、現実に生活していくうえで必要ないなどといったマイナスのイメージを哲学に対して抱いているようである。しかし少なくとも、澤瀉が足場を置いたフランス哲学に関する限り、その特徴は抽象よりも具体、理論よりも実践を重んじるという点にあることは確かである。そして実際、本書でも再三言及されているように、澤瀉の哲学の中心には、常に具体性、実践性を重視した問題関心が据えられていたことは間違いないのである。

「医学概論」の形成

澤瀉が大阪帝大に赴任した同じ年に、同大学医学部の新規講座として「医学概論」が開設されている。法文学部にフランス哲学の独立講座が開設される七年半前の、一九四一(昭和十六)年のことである。この講義を担当することになったのが、若い澤瀉であった。本人の言によれば、それ以来フランス哲学の勉強は断念して「医学概論」の形成一筋に生きてきたという。もっとも、その後、澤瀉はベルクソンに関する書物などを出版しているので、フランス哲学の勉強を「断念した」というのは言い過ぎのような気もするが、ともあれ「医学概論」の講座が開設されたことを契機に、それまでなかった哲学領域の開拓に多くの労力が注がれたことは事実であろう。

「医学概論」の独創性は、外に広く科学的な知識を求めると同時に、医学とは何かを内省的に探る「医学の哲学」が思想の核に据えられているところにある。澤瀉が講じた「医学概論」は、一九六〇(昭和三十五)年に三巻本として出版された『医学概論』(第一巻「科学について」、第二巻「生命について」、第三巻「医学について」)にまとめられているが、この本は当時の哲学好きの日本の医学生たちに多大な影響を与えたと言われている。
第二巻「生命について」の「新版の序」に、次の言葉が記されている。

医学概論とは、医学の立場で生命を論ずるものではなく、生の立場で医学を論じるものでなければならぬ。（澤瀉 二〇〇七、四頁）

生の立場で医学を論じようとする「医学概論」の姿勢が、近代フランスの「生の哲学」の探求姿勢と重なるものであることは明らかである。現に、澤瀉は自著の『医学概論』を評して、「単なる自然科学としての医学論」でもなければ「単に思弁的、哲学的な医学論」でもない、「哲学と科学が一体となったユニィクな学問」（澤瀉 一九八四、六四頁）であると述べている。このように、澤瀉の思索の原点となったフランス哲学は、「医学概論」という他に類を見ない「医学の哲学」に結実していったと見ることができるのである。
ところで、澤瀉は自身が構想した「医学概論」の根底にあるのは、ルネ・デカルト（一五九六―一六五〇）の哲学とベルクソンの哲学であると主張する。デカルトもフランスを代表する哲学者ではあるのだが、ベルクソンはともかくデカルトを「医学概論」の先駆者だとする彼の主張は、西洋哲学史を少しでもかじったことのある人には、意外なことに感じられるかもしれない。と言うのも、デカルト哲学は一般に、精神的な働きをなす「思惟実体」と、空間的な広がりをもち物理的・身体的な働きをなす「延長実体」という二つの「実体」を認める「二元論」に立つもので、そこには物質にも精神にも還元できない生の現実を捉える視点が欠けていると批判されてきたからである。ここで言う「二元論」とは、精神（心）と身体（肉）を別物とする哲学上の立場を意味するが、西洋哲学史上「心身二元論」の立場をとる哲学者の代表格として真っ先に名前が挙がるのが、デカルトなのである。

だが、澤瀉はそうしたデカルト理解を通俗的だとして退（しりぞ）ける。いわく、デカルトは「思惟実体」と「延長実体」を「原始的観念」として認めると同時に、第三の「原始的観念」として「思惟実体」でも「延長実体」でもない「心身合一」も認めている。デカルトが「心身合一」を「原始観念」として認めているということは、いったい何を意味するのか。それは、形而上学的なレベルでは心身分離の立場を堅持しながらも、形而下の日常的な生のレベルでは「心身合一」を哲学の立場として是認しているということにほかならない。そのような「生」の現実に立脚したデカルト哲学の一側面から派生するのが、後のフランス哲学で一潮流をなす「生の哲学」なのだというのが、澤瀉が示す独自の解釈なのである。

ベルクソンによって主唱される哲学は、デカルト以来、西洋で燻（くすぶ）り続けてきた「心身二元論問題」に決着をはかろうとするものであったと見ることができる。「心身二元論問題」とは、「延長」（空間的な広がり）を本質とする物（身体）と、非延長的な思考を本質とする心（精神）とが二つの異質な「実体」と見なされることから生じる問題のことを指す。西洋哲学で言われる

「実体」とは、それ自身で存在し、その存在のために他の何ものも必要としないもののことである。したがって、「心身二元論」が是認される以上、精神と肉体との間に依存関係や相互作用のあることが説明できないといった難問(アポリア)が、どうしても付きまとうことになる。

西田幾多郎もまた、ベルクソンの哲学を高く評価していたことは事実である。だが同時に西田は、デカルトの哲学についても、再考の余地があると考えていたようである。澤瀉によれば、自分はデカルトをみっちり勉強したいという意向を西田に伝えたところ、西田からの返信の葉書に、「我々はもう一度デカルトまで還(かえ)って考えねばならぬ」といった言葉が認(したた)められていたという(澤瀉 一九八四、一九頁)。このことからも、澤瀉がなしたその後の「哲学」の仕事は、西田という先学者の哲学上の問題意識の延長線上に捉えられる必要があるであろう。

東洋医学への視線

澤瀉の見立てでは、デカルトの哲学とベルクソンの哲学の間には、「生」の現実に目を向けるという姿勢において相通じるものがあった。ただし、両者の哲学の間には、以下の点において違いが認められるとも言う。すなわち、デカルトの哲学が今日の西洋医学を理論的に基礎付けるものであるのに対し、ベルクソンのそれは東洋医学(漢方医学)を理論的に基礎付けるものとなっているという点である(澤瀉 一九八四、一七一頁)。「医学概論」の講座を受け持つようになって以来、その開拓一筋に生きてきたという彼の医学をめぐる哲学が、フランス哲学を足場としつつも、その後、洋の東西を結び付ける独自の学に展開・発展していくのは、必然的な流れであったと言ってよい。

基本的に「心」と「体」を別々の「実体」とする西洋医学では、先述の通りどうしても一つの難問（アポリア）に直面させられることになる。そのように、西洋医学が「心身二元論」を基礎として成立している限り、なぜ私たち人間に現に諸々の活動があるのかについて、うまく説明できないことになる。

対照的に、日本を含む東洋の漢字文化圏では、「気」を生命の源と見る「生気論」が医学の哲学の主流をなしてきた。東洋医学では、非延長的な「気」と延長を有する「体」とが結合することで、はじめて生命は維持されるというのが基本的な発想となる。このことは翻（ひるがえ）せば、「気」と「体」は元来混然一体のものであって、どちらかでも損なわれれば、心身の健全性は維持できないということでもあるのだが、そのような東洋的な生命のありようを、澤瀉は「二元的一元性」と表現する。

「二元的一元性」として生命のありようを捉えるという見方は、澤瀉によれば、日本人の「生の道徳」の基盤となってきた神道の生命観と重なるものであった。晩年の講演（『神道随想』）の中で、彼は「神道の哲学は精神でもなく物質でもない身体を出発点とする生命の哲学である」（澤瀉一九八八、二一―二三頁）と述べている。神道の哲学への着眼は、伊勢の出身だったこともあるであろうが、京大文学部の教授で「万葉学」の大家でもあった兄の久孝（ひさたか）からの影響があったことは想像に難くない。ただ、それ以上に、澤瀉の思想形成に決定的な影響を与えたのは、恩師・九鬼周造との出会いであったと言わなければならない（澤瀉 一九八四）。

九鬼周造が生涯で取り組んだ仕事のすべては、日本文化の価値を再発見し、それを高めることに費やされたと言って過言ではない。九鬼哲学を代表する書物に『「いき」の構造』がある。九鬼もまた、フランス留学を経験した一人であったが、この本の扉の裏ページには、「思惟（しい）はあらゆる存在を充（み）たさねばならぬ」というメーヌ・ド・ビランの言葉が紹介されていたりもする。九鬼哲学の特徴を、澤瀉は「日本的審美的」とも評している（澤瀉 一九八四、三四頁）が、恩師・九鬼の哲学の根底には澤瀉同様、フランス哲学だけでなく神道の哲学が置かれていたのである。

澤瀉の生涯の仕事は、「九鬼哲学を足場として、神道のあるべき姿を更に追求すること」（澤瀉 一九八四、三二頁）にあったとも言える。神道の生命観に着目することで、彼は自身の哲学を、西洋哲学の借り物ではない、日本文化に根をおろした独自の哲学に昇華させていくことができた。その背景に、九鬼という「天与の先生」から受けた大きな感化があったことは言うまでもない。

「学問」の最後の目的

澤瀉久敬という哲学者を生み出した思想的な背景（バックグラウンド）を語るのに、文字数を割き過ぎてしまったかもしれない。話題を本論に戻そう。

著者の澤瀉は、「哲学と科学」と題された本書（講義）の目的について、「（存在とは何かといった）哲学的な問題を研究することではなく、学問というものを哲学と科学を巡って、明らかにすること」、言い換えれば、「哲学と科学を、その相違と相補の二つの面から取り上げて、『学問とは何か』ということについて」自らの見解を示すことにあると述べている（本書一八七―一八八頁、傍点原文）。

その上で、次のようにも主張する。――人生の尊さは「生きること」、しかもただ「生きること」にあるのではなく、「よく生きること」にある。ではいったい「よく生きる」とはどういうことか、私たちにとって「善」とは何なのか。この問題について、本書で深く掘り下げて考えてみる余裕はないが、繰り返し主張したいことがある。それは、「実践は理論よりも尊いもの」ではあるが、「実践はそれがただ実践であるから尊いのではなく、正しい実践だけが賞讃されなければならないということ」、そして、まさに「その正しい実践の基礎」となるのが「理論」にほかならないということである。「『学問』の最後の目的」も、そのことに尽きるのだ、と。

哲学と科学は、決して相対立するものではない。哲学が科学の立場から非難されてしかるべきなのは、哲学者を自認する者が、象牙の塔に閉じこもって実践性を省みる姿勢を欠くときである。逆に科学が哲学の立場から非難されてしかるべきなのは、科学だけが学問であって哲学など役に立たないとして、文科系の学問を理科系の学問よりも下に見るようなときである。

本書で展開される学問論は、明治期以来、繰り返し問われてきた哲学と科学との関係をめぐる初歩的な問題を、それまでの日本の哲学者たちの地道な議論の蓄積を十分に咀嚼（そしゃく）したうえで、現代の読者にも飲み込みやすくした内容となっている。本書の再刊が、「哲学」とは何か、「科学」とは何か、そして「学問」とは何かについて多くの人が今一度その本源に立ち返って考えてみる一つのきっかけとなることを、私は学者の端くれとして切に願うばかりである。当たり前のことは当たり前であるがゆえに、何度でも確認されてよい、非常に大事なことなのである。

参考文献

澤瀉久敬『メーヌ・ド・ビラン』弘文堂書房、一九三六年
同『「自分で考える」ということ』第二十二版、角川文庫、一九七四年
同『わが師わが友』経済往来社、一九八四年
同『神道随想』（皇學館大学講演叢書 第六十輯）、皇學館大學、一九八八年
同『医学概論 第二部 生命について』（オンデマンド版）誠信書房、二〇〇七年

原著まえおき

これはＮＨＫ教養大学の講義の一つとして放送したものである。その後、『真理への意志――哲学と科学についての十三のコーズリ』（角川新書）の表題で出版されたが、ずっと絶版になっているので、今度いわば故郷に帰って、ＮＨＫブックスの一冊として、再び世に出ることとなった。

哲学とは何か、科学とはどういう学問かということは重要な問題であるが、それに劣らず大切なことは、哲学と科学の関係を知ることである。むしろ、それこそ現代の文明、特に日本の文化と学問の現状において一度静かに考えてみるべき事柄ではないかと思う。

本書で取り上げたのはその問題である。ただ、少し以前の放送であるため、ここに引用した科学のデータは古いと批判されることと思う。私ももし今これを新たに書くとすれば、一層新しい材料を用いるであろう。しかし、それを書き改めるとしても、それはまた数年も経てば同じ批判を受けることとなろう。

問題は、そのように年々新しくなる科学の実験や技術やそれらの作りあげる機械などをあとから追っかけることではなく、科学にそのような華々しい前進をさせている根拠を知るために、科学の本質を尋ね、更に進んで、その科学と哲学の結びつきという、いわば学問全体の涌き出る源泉にまで遡(さかのぼ)ることである。そうして、それこそ、人類の文明を正しく導くために必要であるだけではなく、科学自体の進歩をより確実にするためにも望ましいことではなかろうか。

ところが、このような考察は、従来、我が国ではあまりなされず、そのことは今もこの放送のなされた頃とそれほど変っていないように思われるので、少なくとも一つの放送記録として、この講演はこのままで上梓(じょうし)していただくこととした。

ただ、この新版を出すに際して、「哲学と個性」という一文を付け加える。はじめに述べたように、この放送は哲学と科学の関係について語ったのであるが、重点を科学においたので、その欠点を補うものとして、あわせて読んでいただければ幸いである。

一九六七年　初夏

著　者

目次

校　閲　大河原晶子
ＤＴＰ　㈲緑舎

本書はＮＨＫブックス57『哲学と科学』を底本とし、読みやすく版を改めて刊行するものです。刊行にあたって見出しを追加し、趣旨を変更しない範囲で最低限の表記の変更を行いました。（編集部）

第一章　愛知の心

哲学するとはどういうことか

「哲学と科学」という題で十三回にわたってお話しいたしますが、本論にはいる前に、この講義の根本方針を一言申し上げておきます。

この講義の主題は「哲学と科学」です。それで私はこの講義では哲学だけについて、また科学のみについて語ることはやめ、哲学を科学との関係において、また、科学を哲学との関連のもとにお話しいたします。それから今一つこの講義で私が試みようとしますことは、すでに出来上っている哲学体系や、科学理論を、紹介したり批判したりすることではなく、これから哲学や科学を勉強しようとされる方々に、哲学の本質はどこにあるか、また科学の真髄は何かということについて私が考えておりますことを聞いていただくことです。そこからして、私の話は方法というものを中心に展開されてゆくこととなります。以上、二つのことが、この講義の根本的方針でございます。

では、これから本論にはいりますが、今日は「愛知の心」――「知識を愛する心」――についてお話しいたします。というのは、哲学と科学を区別する前に、まず、学問するということ自体が問題であるからです。しかし、哲学という言葉には広い意味と狭い意味がありまして、その広い意味、あるいは、言葉の本来の意味では、フィロソフィアとは「知識を愛する」ということでありますから、その意味から言えば、今日の問題は、哲学するとはどういうことか、哲学的精神とか哲学的態度とは何か、ということになります。

それでは、その意味で哲学するとは何かと申しますと、私は、それは「存在に対する知性の徹底的な闘いである」と言えるのではないかと思います。やさしく言いますと、哲学とは「あらゆるものを徹底的に知り抜こうとするもの」であると言っていいかと思います。そこで、この言葉の意味をさらに詳しくお話ししなければならないのでありますが、まず第一にはっきりさせたいのは、「哲学」は知識の立場であるということです。つまり哲学とは「生きること」ではなく「知ること」であり、「行動すること」ではなく「思索すること」であるということ、一言で言えば、哲学は「実践」ではなく「理論」であるということです。

言うまでもなく、実践すること、この人生を身をもって生きることは尊いことです。しかし、「哲学」は一応その「生」をとどめて、その生について考えようとするのです。哲学するとは、身体を動かすことではなく頭をはたらかせることなのです。

ほんとうのものを知るために

このようにして、哲学とはものを知ろうとするものなのですが、哲学の特色はそれを徹底的に行うところにあります。ですから哲学とは「ほんとうのものを知ろうとする態度だ」とも言えます。いい加減にものを知るのでは哲学ではありません。「大体こんなことだ」とか「まあ、そんなことだろう」と言うのでは哲学ではありません。問題が何であろうと、対象がいかなるものであろうと、それを正確、確実に知ろうとするのが哲学的態度です。

ところで、このように徹底的に知るためには、ただぼんやりとものを眺めていたり、また他人の言うことを、――ちょうど子供が親の言うことを、そのまま受け入れるように――無批判的に肯定していては駄目なのです。どんな事柄でも一応疑ってみることが哲学には必要です。いや哲学するとは疑うことであるとさえ言えると思います。目の前にあるものを疑い、他人の言うことを疑い、書物に書かれていることを疑い、自分の先生の説くところをも疑う。もちろん私が今言っていることをも、そのまま受け入れず、自分自身でもう一度考え直してみる。それが哲学的態度です。

ここで話をもう少し緻密に致しましょう。私は先刻から、哲学とはほんとうのものを知ろうとする態度だと述べてきましたが、ほんとうのものを知るためには、その対象をよく見なければなりません。そこで、目の見える人は、その目を見開いて対象をみつめねばなりませんし、目の見えない方々には手で触れたり、匂いを嗅いだりすることが必要となるのです。もちろん、目の見える人も、対象をよく知るためには、ただ目で見るだけでは不十分で、触覚も味覚も嗅覚も聴覚もはたらかせねばなりません。要するに、あらゆる感覚を動員して対象を知ることが大切です。ただ、言葉を簡単にするために、対象を受け入れることを一般的に「みる」という言葉で表しますなら、要するにものをほんとうに知るためには、まず対象を見ることが必要なのです。

しかしながら、実は、ほんとうにものを知るには、単に対象を見るだけではいけないので、さらにその知識は正しいかどうかと「考えて」みることが必要なのです。感覚的にはそう見えても、果してそうなのかどうかと、もう一度頭で考えることが必要です。電車に乗って郊外などを走っていると、時にピカッと光るものがある。そこで「おや、何か光るものがある」と一瞬思うのですが、そこでよく考えてみると、実は「光るもの」があるのではなく、ただどこかの家の窓ガラスが太陽の光を反射しているだけのことなのです。こんなわけですから、ほんとうにものを知るためには、見たものについてさらによく考えてみなければならぬということになってまいります。「ああではないか」「こうではないか」と、いろいろ考えてみること、むずかしい言い方をするなら、「現実を可能性におくこと」それが考えるということです。それはつまり「現在の知識を疑う」ということです。要するに疑うことがなければ哲学もないのです。この意味では、哲学とは飽くことを知らぬ知識欲です。逆に言えば、哲学とは「不満の精神——満たされない精神」です。

ともかく、哲学するためには単に見るだけではいけないので、考えることが必要です、よく考えることが必要なのです。ところが考えるということは、各人自分で考えるほかはないものです。すべて精神に関することは自分でするほかはないものです。このように申しますと一部の人は反対して、考えるということでも、自分が考えなくとも誰かに考えて貰えばよいのではないかと言われるかも知れません。しかし、精神に関することではなく、肉体に関することでも他人に代ってもらえないことがあります。例えば、御飯を食べたり、便所にいったりすることは、ひとに代って貰うことは出来ません。また「もう僕は呼吸をすることが面倒になったから、君！　代って呼吸してくれ給え」と言うわけにもゆきません。このように、身体に関することでも自分自身で行わねばならぬことがあります。そうして、精神の思考こそ、絶対に他人に代って貰えないもの、自分で行う以外にはあり得ないものです。このように考えてきますと、哲学というものは自分でする以外には、仕様のないものです。このことはよく心にとめていただきたい。哲学体系というものなら、あるいは他人のものを借りてくることも出来ましょう。そして、それを踊りの面のようにかぶってわがもの顔に振舞ったり、踊ったり、踊らされたりすることも出来ます。しかし、哲学というものはひとに見てもらうためにするものではありません。ひとからほめて貰うためにするものでもありません。いい成績を取るために哲学を勉強したり、他人から認められるために論文を書いたり、知らぬことを知った振りするために哲学するほど、哲学にとって外道はありません。一言にして言えば、「衒う」ということが哲学の最大の敵なのです。哲学はただ自分一人のためにするものです。あるいはただほんとうのものを知るために、ひとは哲学するのです。しかしそれではあまりに淋しくはないか、と思う方があるかも知れません。しかし、自分一人では淋しいということ、それは他人によって自分をごまかそうとすることです。しかし、実は、他人に依存することこそ不安なことです。哲学者の求めるものは、そのような他者への依存性のない絶対的真理です。真理とは、自分のよりどころとして他のものを必要とせぬものです。真理とは「自ら自己を保証するもの」と私は思っております。

「目を開いて考えよ」

哲学するためには、ただ見るだけでは不十分で考えることが必要であることは、以上述べたことで明らかになったと思います。実際、思索ということなくしては、哲学はないのです。しかしながらまた、ここで注意しなければなりませんことは、単なる思索だけでは真の哲学は成立しないということです。哲学というものは、一般の人々から嫌われがちなものですが、それは「訳のわからぬ難しい理屈ばかり言っているのが哲学だ」と思われているからです。もっとも、世間の人達がそう考えるのにはもっともな理由があるのでありまして、もし哲学が思索ということだけから成り立っているとすれば、そこから、具体的な内容のない抽象的な理論、むしろ理屈、が生れるのも当然です。しかし、哲学というものは、頭の中だけで抽象的な理論を考え出すものではなく、それの本来の目的は「存在」を知るということにあるのです。ですから、哲学には「見る」ということが絶対に必要なのです。つまり、さきほどから私は、哲学するには、ただ見るだけではいけないので、考えることが必要であることをいろいろ述べてきましたが、今度は、その逆に、単に考えるだけでは不十分で、見ることが必要であることを強調しなければならないのです。見るとは、外にあるものをそのまま受け入れることです。ところで、それはただ外にあるものを受け入れるだけだから、そんなやさしいことはないと思われるかも知れませんが、実は、これは実に難しいことなのです。外にあるものを何でも素直に受け入れるということが、第一決して容易なことではありませんが、さらに難しいのは、それをそのままで受け入れるということです。というのは、私達は、普通、何時も外にあるものをちょうど鏡が物を映すように受け入れていると思いやすいのですが、実際はそのようなことは極めてまれで、大抵は始めから鋳型——あの彫刻のもとになる鋳型——を自分のうちにもっていて、外にあるものをも、その型に入れて眺めているのです。例えば、目の前に一つの花が咲いている場合、「ああこれは菊の花だ」とか「それはバラの花だ」とすぐ決めてしまって、その菊、そのバラの一つ一つの個性や特徴については、それをよく眺めようとも、考えようともしないのです。しかし、それではただ過去の記憶や、すでに出来上っている概念で対象を割り切ってしまうだけで、そんなことでは、その対象の新鮮さや、生々しさはすっかり古ぼけた灰色にぬりつぶされてしまうだけです。これに対して、ものをほんとうに知るには、そのような古ぼけた、すすけた眼鏡を捨てて、ちょうど幼い子供が見るもの聞くものに驚きの目を瞠り、それらすべてに、ういういしい関心をよせるように、対象の一つ一つに、幼児のような柔軟な感受性を示すことが哲学の出発点でなければならないのです。そうしてそれこそ「驚き」という感情なのです。大人は、また平凡人は、あまりにも驚きません。しかし、それは対象が平凡なのではなく、その人間が平凡なのです。哲学者とは、普通人が平凡と思うところにも驚きを感ずる人なのです。したがって、もし驚くことは若人の特権であるとしますなら、哲学こそ若者の学問です。世間には、哲学は老人の学問であると思っている人もありますが、それはこの上もない間違いです。人間は——生物は——刻々に齢をとってゆきます。しかし、哲学は——精神は——ますます若やいでゆくのです。メフィストフェレスは灰色の野に枯草を喰むのが哲学者であると申しました。しかし、哲学とは、そんなひからびたものではありません。永遠の若さをもつ者のみが、哲学しうるのです。

以上のように考えてまいりますと、哲学をするということは、ただ考えることではなく、また、単に見るということでもありません。そうではなくして、考えながら見、見ながら考えるのが哲学なのです。「知る」という言葉の正しい意味もこれです。「目を開いて考えよ」と言ったゲーテの言葉をお互に深く味わいたいと思います。

存在と知性との血みどろの闘い

哲学とは、「存在に対する知性の徹底的な闘いである」として、その知的態度の徹底性とは何かということを私は今まで語ってまいりました。しかし、哲学の徹底性はそのような認識主体すなわち知る者の側の知的な徹底性だけではなく、知られる対象の徹底性ということも哲学の特色です。それを次にお話しいたします。

哲学とは対象をいい加減に知ることではなく、それを徹底的に知ることであるということを今まで述べてきましたが、哲学は単に何か一つの対象を知ろうとするだけではなく、あらゆるものを知ろうとするものです。科学というものはそれぞれ自分の対象をもっています。動物学は動物を対象とし、植物学は植物を研究対象とします。しかし、哲学には特定の対象はありません。あらゆるものがその対象となります。いや、あらゆるものが哲学の対象となりうるだけではなく、対象としなければならないのです。哲学はいわば、アスファルトの大通りのみをゆくものではなく、むさくるしい狭い路地や袋小路へもはいってゆかねばなりません。つまり、ありとあらゆるものを対象とするところにも哲学の徹底性があります。単にAというものを徹底的に知るだけではなく、BもCもDも……つまり一切の存在を知ろうとするのが、哲学なのです。しかも、その「一切」とは、ただ一つの平面におけるすべてのものというだけではなく、オーダーを異にするものを知ろうとします。喩(たと)えて言えば建物の一階にあるものだけではなく、二階も三階も四階も……つまり建物全体が哲学の対象なのです。自然現象も、生物現象も、社会現象も、精神現象もすべて哲学の対象となります。私が最初に「存在に対する徹底的な闘い」と申した時の「存在」とはこれらすべてのものを指すためでした。いやむしろそれらすべてを指す言葉が見当らぬために「存在」という一般的な言葉を用いたのです。ただし、私がことさら、このような抽象的な言葉を用いたのにはもう一つ別の理由もあります。というのは、哲学はあらゆるものを知ると言っても、その一つ一つを知るのではなく、それらをその存在の原理において統一的にとらえようとするものです。だから「哲学とは知識の最高統一の学」とも言われるのです。

しかしながら、これは口では簡単に言えても、実際に行うことは容易なことではありません。存在はなかなか自分の真の姿は現すものではありません。人間の知性の追求が烈しければ烈しいほど、存在はかえってその神秘性を高めてゆきます。それはまさに存在と知性の闘いである。「哲学とは知を愛することである」というような、生やさしい表現には盛り切れぬ厳しさを哲学はもっております。それは存在と知性との食うか食われるかの血みどろの闘いです。

一体、哲学は万人の学です。哲学するためには地位も要らず、肩書きも要りません。またそれをする人の職業も問わず、男女の性も問題ではありません。哲学は裸一貫の学問です。しかし、このように哲学が万人の学であるということは誰にでも容易に出来るということではありません。哲学するためには、いかなる問題に対してもあくまで闘い抜く強靭な精神が必要なのです。世間ではよく哲学青年の自殺などと申します。新聞紙上でもしばしば「哲学少女の自殺」というような記事を見ます。しかし、これは非常な間違いです。哲学する者が自殺するのではありません。哲学しえぬ者が自殺するのです。思索することがどんなに苦しくとも、それを自殺という行動によって打ち切ることなく、あくまでも思索し抜くことこそ哲学なのです。このことは歴史の事実に照らしてみても明らかです。偉大な哲学者にして自殺した人はありません。もし誰かが哲学しながら自殺したとすれば、それは、その人は哲学者ではなかったということです。哲学者が自殺するのではなく、哲学せぬものが自殺するのです。

歴史を創造する原動力

このようにして、私は今日の講義の出発点にもどってまいりました。というのは、私は最初から、哲学とは、行動ではなく、思索であり、実践ではなく、理論である、と申してきたからです。その行動が死への逃避というような消極的な実践であろうと、あるいは、思索のゆきづまりを暴力的な行動によって打開しようとするような積極的な実践であろうと、ともかく実践は哲学ではありません。実践そのものはいかに貴いものであろうとも、それは哲学としては堕落です。哲学とはどこまでも知性の立場において問題を解決し、存在の根底を知性によってあばき出そうとするものです。

しかし、ここに最後の問題が残っております。それは、そのような思索の立場は私達の現実の生活にとっていかなる意味をもつかということです。別の言い方をしますなら、理論と実践とはどちらが貴いかということです。しかし、この問に対する答は明瞭です。なぜなら、人生においては、実践ほど貴いもののないことは明らかであるからです。「生きる」とは創造することです。そうして、その創造は実践的行動によってのみ実現されるからです。しかしながら、実は、ここにこそ最後の、最大の、問題がひそんでおります。それは「一体、何を実践するのか」ということです。そうして、この時、燦然（さんぜん）と輝き出すものこそ、「理論」なのです。理論のない実践、それは動物的であります。人間の行為は、しかし、どこまでも理論と理想の上に展開されねばなりません。そうして、その理論の根本をなすものこそ哲学なのです。哲学者は自ら実践はいたしません。彼は、狭い書斎にとじこもっております。しかし、この書斎から生れ出る哲学こそ社会を変革し歴史を創造する原動力なのであります。

第二章
哲学と科学の相違

一　対象の点から

　この前には哲学的態度についてお話しいたしました。今日は哲学と科学の相違についてお話しいたしますが、その前に、前の講義の要点を要約しておきます。

　この講義の主題は「哲学と科学」ですが、そのように哲学と科学を区別する前に、学問一般というものが問題なのです。そこでその学問とはどういうものかということを、この前には考えたのですが、哲学という言葉を広く解すると、それは知識を愛すること、学問することということであります ので、私はその意味から、愛知の心、すなわち、哲学的精神あるいは哲学的態度とは何かということを考えてみたのです。そうしてそれを私は「存在に対する知性の徹底的な闘い」

と定義してみました。この言葉で私が言おうとしましたことは、哲学は実践ではなく理論であるということ、すなわち哲学の本質は行うことではなく知ることであるということでした。それでは知るとはどういうことかと言えば、それは単に見ることではなく考えることであり、また、ただ考えることではなく見ることである。つまり知るとは見ながら考え、考えながら見ることなのですが、哲学の特色はそれを徹底的に行うこと、すなわちいい加減に知るのではなく、徹底的に知り抜こうとするのが哲学です。しかしながら哲学の徹底性は認識主体つまり知る方の側の徹底性だけにあるのではなく、知られる対象についても申せます。哲学はある一つのものを知るだけではなく、あらゆるものを知ろうとするものだということです。このように考えると、哲学とは存在と知性の食うか食われるかの血闘と言えるのでありますが、それがどこまでも知性による闘いであって身体的実践ではないという点に哲学の本質があります。しかしながら、哲学をこのように解することは実践からの逃避、あるいは遊離と考えられるかも知れません。しかし、実践というものはそれがただ実践であるから尊いのではなく、正しく実践された時にのみ尊いのです。そうしてそのように正しく実践を導くものこそ理論であり、その理論を確立することこそ哲学の使命なのです。したがって、一つの哲学体系を立てるということは、決して閑人（ひまじん）の概念的な遊戯ではなく、世界中の人間を相手とする厳しい仕事であり、哲学者はそれによって、ソークラテースのように毒を呑まされる運命に陥るかもしれません。しかしそのようにして建設される哲学によって、社会はよりよいものとなり、歴史は創造されてゆくのです。――これが前回の話の要点です。

部分と全体

では、今日の話にはいります。今日から本論である哲学と科学の問題を取り上げるのでありますが、哲学と科学の「関係」について考えるのにも、それを二つの面から眺めることが出来ます。一つは、この二つの学問の違いはどこにあるかということであり、今一つはこの二つは互にどのように関係し合っているかという点です。つまり、哲学と科学の問題は、それを、その相違の面からも相補の面からも調べることが必要なのです。そこでまず第一の点から話を始めようと思いますが、その相違の問題にもさらに二つのテーマがあります。一つは哲学と科学の「対象」の違いはどこにあるかということで、今一つはこの二つの学問の「方法」はどう違うかという点です。今日はその対象の問題についてお話しいたします。

まず、科学の対象から考察してみます。科学というものは、すべて特定の対象をもっております。ある科学は物質を対象として物理学となり、ある科学は生物を対象として生物学となります。また、あるものは社会を研究して社会学となり、あるものは経済を研究して経済学となります。そしてそれらの諸科学はさらにそれぞれ特殊な対象をもつことによって細かく分れてゆきます。例えば、生物学のうちでもあるものは動物を対象とし、他のものは植物を対象としますし、さらに植物学は植物解剖学、植物生理学、植物発生学、植物分類学などというふうに、その研究対象によってますます分化してまいります。このことは「科学」という日本語にも示されていることで、「科」の分かれた学問、分科的学問というのが科学という言葉の語源なのでして、要するに、科学はいろいろな現象、様々な存在を、別々に分けて、その一つ一つについて正確な知識を獲得しようとするものです。

では、哲学の対象とは何かと申しますと、哲学の対象は、ある特殊な存在ではなく、あらゆる存在がその対象です。天文学の対象は天体と天体現象ですし、フランス文学の対象はフランス文学であって、日本文学でもドイツ文学でもないのですが、哲学には固有の対象というものはありません。どんなものでも自分の対象とするのが哲学の特色なのです。いや何でも哲学の対象となりうるだけではなく、哲学はいかなる事柄をも自分の問題として取り上げねばならないのです。普通は科学者が研究対象ともしないこと、また一般の人々が、あまりに身ぢかにあるために問題ともしないことをも、哲学者は問題とします。例えば私がこうしてお話ししている時、誰かが偶然ラジオのダイアルを廻して、この私の声が耳にはいったとします。そうして、何気なく聞いておられるうちにだんだん興味を覚えて、最後まで聞いていただいたとします。そうすると、それが機縁となってその方と私との間に将来いろいろの関係が生れるかも知れませんし、私との間には関係は開かれなくとも、これが動機となって、哲学と科学について自ら深い思索に進まれるかも知れません。ところが、そのような発展の出発点は全く「偶然」です。偶然ラジオのダイアルを廻したというだけのことが、その人の一生に大きな変化を起すこととなるのです。「偶然」というものは不思議なものでもあるし怖ろしいものでもあります。このように考えると、「偶然」とは何かということは、一つの重大な哲学的課題です。もちろん私の言おうとするのは「偶然」ということ自体ではなく、どんなことでも深く考えてゆけば哲学の対象となるということなのです。もし私の話を聞いて退屈して「あくび」が出たとしますなら、その「あくび」ということでも、深く考えてみると、難しい問題でまた面白い課題です。

このように哲学はあらゆるものを対象とします。しかし、哲学が一切の事象を対象とするということは、ただ何でも対象となるというだけのことではなく、それらの全体がその対象であるということなのです。科学の対象はある特殊な存在であるのに対して、哲学のそれは存在の全部です。科学の対象は存在の一部であるが、哲学の対象は存在全体なのです。一言に要約すれば科学は部分の学であり、哲学は全体の学です。

えたいの知れない学問

この、「哲学は全体の学である」ということはよく味わっていただきたいと思います。いったい、哲学というものは、えたいの知れない学問です。そのことを田辺元博士は次のように言っておられます。すなわち、「哲学というものは何時でも性格がうさんくさい。表が出ているかと思えば裏であり、左であるかと思えば右であるという、何時でも裏と表とが、左と右とが、あるいは前と後とが、始終くっついている」。田辺博士のこの巧みな表現に示されておりますように、哲学は一面的に割切ることの出来ぬものなのですが、それは哲学が全面の学、むしろ全体の学であるからです。喩えて申せば、地球は太陽に照されている面は昼で、その反対側は夜です。科学というものは、このそれぞれの面を別々に研究するのです。それに対して、哲学はその全体を同時に対象とします。だから、ものを部分的に見る立場からは、かえってはっきりしないような、うさんくさいものと思われるのです。しかし、哲学は全体を全体として取り上げるものなのです。

ただ、ここで注意しなければなりませんことは、哲学が全体の学であるというのは、一つ一つのものを全部知るということではなく、全体を統一的に知るということです。あるいは、全体をその統一者において知るということです。例えば、一つの建築物は様々な材料からなっております。この放送局の建物にも木材が使われておりますし、石材も金属も用いられています。また、壁や障子やガラスもその部分です。そうしてそれらはそれぞれの場所に一定の形をもって位置づけられております。しかし、それら多種多様のものは統一されてこの建物となって一つの全体をつくっているのです。では、このように建物に統一を与えているものは何か。それはこの建物を設計された技師のアイディアです。その意味で、そのアイディアこそ、この建物の原理であり、本質なのです。

ここからして、私達はまた次のようにも言うことが出来ます。すなわち「哲学は本質の学であり、科学は現象の学である」ということです。

法則と原理

ここで、今一度、科学の対象に目を移してみましょう。普通、哲学に対して科学の強味と考えられている点は、科学は常に事実の上に理論が形成されているということです。この点をさらに強調しますと、科学は、事実、つまり事象の現れた姿、すなわち現象のみをその対象とすべきであって、その現象の奥に何があるかについては科学は語ってはならないということです。そうして、実際、科学者はそのように現象のみについて語り、その背後にあるものについては沈黙を守っております。例えば、生理学は生命現象について研究するものであって生命の本質というようなものについては語りません。そうして、それは科学の欠点ではなく、そこにこそ、科学者の誇りがあるのです。しかしながら、科学は様々な現象を研究するものであると言っても、それはただ一つ一つの事実を知るのが目的ではなく、それら個々の事実を調べることを通して、それらに共通な一般的法則を見出すのが科学者の仕事です。それによって始めて「科学」は理論となり、学問となるのです。これに対して哲学者の仕事は、そのような現象に共通な法則を発見することではなく、それらの事実の底にある原則——あるいは原理——を暴(あば)き出すことです。科学は法則の学であるのに対して、哲学は原理の学なのです。

しかしながら、法則と区別された原理とは何を意味するのか。これはただ哲学者の言葉の遊戯であって、実際は、法則のほかに原理などというものは存在しないのではないか、哲学者達は好んで原理という言葉を使い、自ら自分の学問を「原理の学」などと言っておりますが、いったい「原理」とは何か。

これは難しい問題で、それは実は「原理」という言葉の定義の問題――「原理」という言葉をどう定義するかという問題――ではなく、逆にこの言葉にどんな内容を与えるかという点にかかっているのである、とも申せます。しかし、そうなると、それは「原理とは何か」ということよりも、その原理を哲学者がどのように捕えているかということとなるのでありまして、その把握の仕方に応じて様々な哲学体系が生れるとも考えられるのです。また、そうであるからこそ、「哲学は原理の探求だ」とも言われるのです。

しかし今私達が問題としているのは、そのような原理自体（つまり原理の内容）ではなく、「原理」という言葉の意味内容です。そうしてこの点から言えば、私は原理とは、ある事柄の可能の根拠であると言えるのではないかと思います。つまり、現にあるものすなわち現実の存在を可能にしているものが原理です。それは、先ほどあげた建築の例の場合の建築の設計者のアイディアに当るものです。こうして、「法則」というものは現象の間の関係であるのに対して「原理」は現象の奥にあって、その現象を可能にするものなのです。

外から見るか、内から知るか

話が非常に抽象的になってしまいました。一つの喩えを挙げましょう。先ほど、地球の表と裏のことを申しましたから、今一度球体の例を取ります。すべての球は表面をもっております。まるくふくれたアドバルーンにも、またリンゴやミカンにも表面があります。地球で申しますなら、そこに山もあり、川もあり、海もあります。また都会もあるし農村もあります。これが地球という球の現象です。しかし、この現象のすべてを一人の人が知るということは不可能なことで、ことに表と裏側を同時に知ることは絶対に出来ないことです。そこで、それらの現象を分業によって知ろうというのが科学の立場です。これに対して、哲学は、この球の表面のどこか一点にまず立脚し、そこから球の表面を四方へ知識を拡げてゆくのではなく、自分の足もとを掘りさげて下へ下へとおりてゆきます。そうして、そのようにして最後に見出される球の中心こそ、その球の表面の現れ、すなわち現象に対するその球の本質なのです。それが現象の法則とは区別された存在の原理です。もっとも、この喩えには多少の無理やぎこちなさもありますし、ことに時間が十分にありませんので、この比喩を手掛りとして、もっと具体的に説明することが出来ませんのは残念ですが、私の言おうとしていることは、ほぼわかっていただけるのではないかと思います。

ただここではっきり言いうることは、科学というものは、ものを外から眺めるものであり、哲学は内から知るものであるということです。科学は外から——すなわち球の外に立って外部から

——観察するものでありますから、球の表面すなわち存在の現象しか研究対象とならないのであり、哲学は内から見るという方法をとるから、反省あるいは自覚という形をとってものの本質に迫ってゆくのです。しかし、この「外からの観察」とか「内への反省」ということは哲学と科学の方法の問題でありますから、今日はこの点にはこれ以上触れないでおきます。そのことよりも、このことからして、今一つ哲学と科学の対象の相違について大切なことが残っておりますので、それについて一言して今日の講義を終ります。

　と言うのは、外から見るためには、外から見ることの出来るものでなければなりませんし、内から知るためには、内から見うるものでなければならないということからしても、また哲学と科学の対象は分れてくるからです。例えば、私の目の前にあるテーブルは、それを外から眺めることが出来ます。とともに、それは外から眺めることが出来るだけで、内から見るなどということは出来ないものなのです。このことはテーブルの上に置かれている花瓶についても、それにさされているマーガレットの花についても同様です。一般的に申しますなら、物体というものは外からでないと知ることの出来ぬものです。

意識について

それでは内から知られるものとは何か、それは私達の意識です。例えば、今、私はどんな気持で放送しているか。それは私の側に居られるアナウンサーにもわからぬもので、ただ私だけが知っているのです。もっとも、私の気持は私の身振りや顔色にも表れているので、その限りでは、私の気持は他の人にもわかるはずです。しかし、それは身体的（つまり、物体的）表現となった限りの意識であり、それはもっと正確に言えば、要するに物体的変化なのであって、意識そのものは私自身内省する以外には知りようのないものです。こう考えてまいりますと、精神こそ哲学の対象なのでして、ここに物質を対象とする科学との相違があると言わねばなりません。ある心理学者は「魂はない、なぜなら、誰一人魂を試験管に取った人はないから」と言いました。しかし、この考えには根本的な間違いがあります。それは、すべてのものは試験管に入れることが出来るという考えです。つまり、すべてのものは物質であるという思想です。しかしすべてのものが物質なのではありません。物質ではないが存在のたしかなものがあります。それは、私達が自覚的に知る自分というものです。世の中のすべてのものの存在が疑わしいものであるとしても、ただ一つ、絶対に疑えないもの、それは自分の存在です。自分というものの存在を否定する人はいないはずです。もちろんここに言う自分とは意識された自分です。

以上のようにして、科学の対象は物質で、哲学の対象は精神であり意識であると言いうるのです。ところで意識というものの特色は、それが刻々に変化し、新たなものとなるということです。そうして、それこそ時間というものです。私達は普通は、時計に示されているものが時間だと思っております。しかし、よく考えてみると時計には時間はありません。皆様の側にある時計を見て下さい。そこには一つの平面と二つの針、すなわち二つの直線しかないのです。しかしその針が刻々に時間を刻んでいると言われるかも知れませんが、そのように前に或る場所にあった針が今はこの場所へきていると言いうるのは、過去から現在に流れている意識があり、それが過去のことを覚えているからです。そのような意識がなければ、時計そのものにはただ平面と直線、すなわち空間しかないのです。つまり、時間はないのです。しかし時計に時間がないということは、時間というものがないということではありません。むしろ空間によっては表現出来ぬものこそ時間なのです。

最も哲学的な対象とは

それでは時間とは何か、これこそ難しい問題で、そうしてそれを研究するのが哲学なのです。また、実際偉大な哲学者は皆この問題を深く追求しております。そうして、プラトーンのように歴史は永遠の影であると言ってしまうか、ベルグソンのように、時間こそ実在であり、その時間とはすなわち自由であると言い切るか、アウグスティヌスのように過去、現在、未来をすべてもう一度現在に集中するか、カントのように、直観と悟性を結びつけるものとして時間をもってくるか、また、ハイデッガーのように時間を「愁い」とするか……、「時間」をどう解するかということは哲学者の立場によって異なってまいります。しかしまたそれだけに哲学体系の価値は、その時間論によって定まると言ってもいいのではないかと私は考えております。ともかく、哲学の最も哲学的な対象は時間であり、科学に最適の対象は空間なのです。

哲学と科学の対象の相違の重（おも）なものは、以上の諸点ではないかと思います。それではこの二つの学問は方法的にはどう違うのでしょうか。その点を次回に考えてみることにいたします。

二　方法の点から

この前には哲学と科学の違いを、その対象の面からお話しいたしました。今日はその相違を方法の面から考えてみようと思いますが、その前に、前の講義の要点を述べておきます。

哲学と科学の対象上の違いの第一は、科学はすべてその科学特有の対象があるということ、すなわち科学の対象は存在の一部であるのに対して、哲学の対象は存在の全体であると言うことです。ところで、哲学は全体の学であるとは、あらゆるものを一つ一つ知るということではなく、その全体をその存在の原理において、理解するということであって、この点から申せば哲学は存在の本質の学であり、それに対して、科学は存在の現象の学であります。

以上は、哲学と科学の対象が、存在の全体であるか部分であるかによってみられた相違ですが、この二つの学問は、それらが対象とする存在の性質によっても区別することが出来ます。その点から申しますと、科学の対象は物質で、哲学のそれは精神です。この場合、物質については一応問題はないとしても、精神に関しては一体、精神というようなものがあるかという疑問が起るかも知れません。しかし、精神とか意識とかいうものは、私達人間にとっては、自分の内省的意識として疑いえない事実です。ただ、それがどんなものかということを、ほんとうにつきとめることは非常に難しいことで、ここに哲学という学問が、外界の現象を研究する科学とは別のものとして、必要となるのです。——なお、このことからして、科学は、空間の学、哲学は時間の学とも言えます。もちろん、ここに言う時間とは、物理的時間ではなく、刻々に新しいものを生み、二度と帰らぬ時間、私達がそのうちに生れ、そのうちに死んでゆく時間です。「哲学は永遠を求める学である」などと言われるのも、それは裏返せば、「時間とは何か」ということこそ哲学の課題であるということに他なりません。

以上のとおり、哲学の対象は、一方において存在の全体と本質であり、他方において、精神と時間です。それに対して、科学の対象は存在の一部であり、現象としての存在であるとともに、科学の対象は、また、物質と空間です。しかし、この二重の関係は別々にあるのではなく、実は哲学と科学を、その方法の面から眺めると一つに結びついてくるのです。

以上がこの前にお話ししたことの要点であるとともに、それがどうして今日の私達の問題を生むかという、その移りゆきの説明です。

「汝自らを知れ」

では、今日のテーマ、すなわち、哲学と科学は方法的にはどう違うかという問題にはいります。まず哲学の方法から考えようと思いますが、その哲学の方法について述べる前に、今一度、哲学の対象についてすでにお話ししたことを振返ってみます。実は、このように後に戻るということ、すなわち一方的に前へ進むのではなく、進んでは退き、退いてはまた前進するということが、すでに哲学的方法なのでありまして、それはこの講義全体にわたって今後も行われることであることを、この機会に一言しておきます。さて、哲学の対象は存在の全体であるということですが、その全体とは喩えば一つの建物の一階にあるもの全部というだけではなく、二階にあるもの、三階にあるもの全部、つまり建物全部であるということは、第一回の講義でお話ししたことで、皆様も覚えていて下さることと思います。ところでその時の二階とか三階とか言いましたのは、単に空間的に上下というのではなくオーダーが異なるということの喩えなのです。もっとも、そのオーダーとは何かということは非常に難しい問題で、それを今、取り上げて詳細に論ずることは時間がゆるしませんが、ともかくオーダーというのは量の問題――分量の問題――ではなく、質の問題――性質の問題――であることは、誰もが認めるところと考えます。それでは「存在」にはどんなオーダーがあるかと言うと、ここにもいろいろな分け方がありますが、恐らく誰でも承認しうるものとしては、物理現象、生物現象、社会現象、精神現象の四つを挙げるのではないかと思います。事実、生物現象というのは、一種の物理現象ではありますが、生物特有の現象には単なる物理現象以外の何かがあり、社会現象も、生物現象ではあるが、それは単なる有機体としての生命現象以上のものであり、殊に人間社会となれば、動物一般の社会には認められぬ法律、経済、文化などという別の現象を含んでいます。このことは社会現象と精神現象についても言えることで、精神は社会という下部構造の上になり立つのではありますが、その精神はそれ独自の法則や性質をもち、思想や理論は、かえって社会を動かすものです。このように存在にはオーダーがあるのでありまして、哲学の対象を一軒の建物全体に喩えたのもその意味においてでありました。しかしながら、実は、この喩えには欠点がある。と申しますのは、この喩えではその建物を眺めている人は、その家の外に立っているからです。しかし、哲学の対象が文字どおり存在の全体であるなら、すなわち、いかなるものをも洩らさず含むということであれば、それはただ目の前にある対象、つまり客観、あるいは客体だけではなく、それを眺めている主観、あるいは主体をも含むものでなければなりません。見ている人が外に立っているのに、それを忘れていては存在の全体とは言えません。このように考えると、正しい意味の全体とは、主体と客体の全部を含めたものでなければならないのです。

しかし、こうなると、そのような存在を知るためには、どうしたらいいのか。そのような存在は外から眺めることは出来ないものです。なぜなら、そこで見る人自身がすでに存在の中に含まれてしまっているからです。では、どうすればいいのか。ここに、存在の自己反省という方法が必要となるのです。ここで、また、この前の講義で挙げたもう一つの比喩を思い出していただきたいと思います。すなわち一つの球の全体を知るのに二つの方法があって、一つは外からその球の表面を眺めることで、今一つはどこか表面の一点から、その下へ下へと掘り下げていって、その球の中心をとらえようとする仕方であるという、あの喩えです。つまり、客体と主体の双方を含む真の存在の全体を知るということは、この第二の方法によってのみ出来ることなのです。そうして、それこそ哲学の方法なのです。それは「自覚」という方法です。この点においてドイツの哲学者フィヒテ、あの「国民に告ぐ」という国を憂うる一文を書いたあのフィヒテですが、そのフィヒテが言っていることは、実に端的に哲学の方法を述べていると思います。彼は言います。「君自身を見つめよ、君を取りまくすべてのものから目を転じ、君の内部に眼を向けよ、――これこそ、哲学がその学生に求める第一の要求である」。結局、ソークラテースのあの有名な言葉、「汝（なんじ）自らを知れ」ということこそ、哲学の方法なのです。

しかし、それでは、自分自身を知るとは、どういうことか。それは、球の表面の一点から、だんだんその下へ降りてゆくという喩えが示しておりますように、自分の底にあるものを求めることです。西田幾多郎博士の書かれたものを読むとよく「おいてあるもの」という言葉が出てきます。その「おいてあるもの」とは、ある物がその上に置かれているその土台です。ある事柄がなり立つためには、これこれの根拠がなければならぬという、その根拠です。球の表面の事実を基礎づける理由です。反省するとは、このように、事実を基礎づけることなのです。単に事実はこうだというだけではなく、それはなぜかという理由あるいは理論を見出すことです。それによって、哲学は単なる事実の学ではなく理論の体系となるのです。

直観が理論を存在に結びつける

しかしながら、そのようにして生れる体系がいかに立派なものであり、ゆるぎない構造をもったものであるとしましても、それが空中に描き出された蜃気楼（しんきろう）のように儚（はかな）いものであっては仕様がありません。哲学体系というものは池に浮んだ浮草のように、それ自身は立派な組織をもちながらも、その根が土につかず、あてどもなく漂うものであってはなりません。もし哲学体系がそんなものであれば、それこそ抽象的理論です。ほんとうの哲学は、真実の存在にがっちりと根を下していなければなりません。そうしてそのように理論を存在に結びつけるものこそ直観です。

このように考えるなら、哲学の方法とは反省であるとともに、直観であると言わねばなりません。

この点、西田幾多郎博士の最初の主著が『自覚における直観と反省』と名づけられているのは意味深いことです。西田哲学の体系はいかなるものであるにもせよ、方法に関する限り、博士の態度は正しいと思います。

科学は機械を、精神は時間を必要とする

哲学の方法は以上述べた通りですが、では科学の方法は何か。哲学が内から知るものであるのに対して、科学は外から眺めるものです。ということは、科学は文字どおり対象をもつものであるということです。対象というドイツ語はGegenstandですが、Gegenstandとは向う側に立っているということです。科学者の前には常に事実が置かれているのです。それは逆に言えば、まず事実が与えられ、科学は、その事実について理論を立てるのです。しかし、科学にとって大切なことは、理論を作るよりもまず事実を観察することです。頭で考えるよりも「まず事実が第一」というのが科学の特色です。科学は事実第一主義です。ところで、その事実を私達に教えるものは感覚です。したがって、感覚を鋭くし、精密にすることが科学には必要なのです。そこから して、小さいものを見るために顕微鏡が必要となるし、遠くのものを見るのに望遠鏡というものが工夫されました。そうして、それらはさらに、その性能を高めるために、あるいは屈折望遠鏡から反射望遠鏡へと進むし、また、顕微鏡も、ただ普通の顕微鏡の倍率を高めるだけではなく、位相差顕微鏡から電子顕微鏡というものまで発明されるようになります。要するに科学には機械が必要なのです。機械は感覚の拡大器です。しかも、機械はただ観察のためにいるだけでなく、外界に働きかけるためにも必要です。一体、感覚を働かせるとは肉体を働かせることですが、肉体の作用を増大するものは道具です。肉体、特に人間の身体のはたらきの先端は手ですが、道具

は手の延長なのです。そうしてその道具はさらに道具を生んでますます精密な機械や巨大な機械が製造されてゆきます。ところで、そのような優秀な機械を作るためには十分な素材、すなわち物質がなければならず、それを得るためにはさらに経済的な裏づけが必要なのです。このように考えてきますと、科学の方法は、広い意味の物質的条件と直接に結びついていることを原理的に認めねばなりません。十分な研究設備や研究費を与えずして、秀(すぐ)れた成果を科学者に求めても、それは無理な注文です。科学に対するそのような無理解が国民や為政者の間にある限り、一国の文明の進歩は望めません。

　では、この点について、科学者やさらに一般的に文化科学者、精神科学者の場合はどうでしょうか。これらの人々も学者である限り、文献、すなわち書物が必要であり、また、気持のいい研究室が、立派な研究を生む一つの条件であることは誰でも認めることだと思います。しかしそれよりも一層大切なことは、精神には時間が必要であるということです。と申しますのは、精神の仕事は思索するということなのですが、思索するためには十分な時間が必要であるからです。このように申しますと、時間は無限にあると、ひとは言うかも知れません。たしかにそうです。しかし、それは抽象的に考えられた時間であって、現実のこの社会に生きる者にとっては、時間は決して無限ではありません。それどころか、人々は時間の不足に苦しんでおります。時間があるとは、生活に余裕があるということなのです。しかし、現在の日本においては文化科学の研究に身をゆだねている人々は、実に無理な仕事、過重な仕事をさせられて苦しんでいるのです。自然科学者には機械や材料が入用であるからといって十分な研究費を与えながら、文化科学者には、そのようなものは不要であるとして研究費を出し惜しむのみならず、その人達にとって最も大切な時間を十分に与えず、それらの学者の生活を保証するための十分な考慮を、もしも政治の責に当るもの、すなわち政府や国会が、はらわぬとするならこれ以上、学問に対する認識不足はなく、また、それほどわが国の真の進歩を障（さまた）げるものはないことを、あるいはさらにそれは日本の将来を危険にさらすものであることを、私はここにはっきりと申しておきたいと思います。学者をいたわる第一の方法は、学者に十分なる時間を与えることであることを、単に口先だけではなくて、ほんとうにわかっていただきたいのです。

分析という方法

科学の方法に関する思索が妙なところへ伸びてしまいました。話を元へ戻しましょう。問題は、科学には機械が必要であるということでありました。そうしてその機械とは、感覚つまりは身体の延長であるということでありました。要するに科学には身体と感覚とが必要なのです。しかしながら科学もそれが学問である以上、単なる感覚や身体的操作ではありません。それに知性と精神とが参加しなければなりません。では、その点はどうなっているのか。私達はそこに「分析」という方法を見出すのです。というのは、対象を精密に正確に知るためには、それをそのままで受け入れるだけでは不十分で、それを部分に分けて、その一つ一つを細かく、詳しく調べることが必要であるからです。ここに直観を方法とする哲学に対して科学独自の方法として分析という方法が要求されてくるのです。「分析は直観に対するものである」というのは、直観は、対象を全体的に、瞬間的にとらえるものであるのに対して、分析は対象を部分にわけて見るものであり、また、一瞬にしてとらえるものではなく、時間をかけて漸次に対象を明らかにしてゆくものであるからです。

ここで分析というものを今少し詳しく述べますと、分析とは与えられている問題、あるいは対象を、そのままで知ろうとはせず、それを部分に分けて理解しようとするものである、というよりも、むしろ、そうしなければ理解出来ない、とするのが分析的立場です。人間というものは自然のままではせっかちなもので、どのようなものでも、与えられているままでそれを全体的に知ろうとします。しかし、そのようなことは出来ないので、それを部分に分けて、その部分を一つずつ理解していってその全体に及ぼうというのが、分析という方法なのです。そうしてものを外から見る立場に立つ限り、これしか方法はありません。自ら科学しようとする者は、この分析的精神を骨の髄までしみ込ませなければならないと思います。科学においては、「分かった」とは、「分けた」ということです。蛋白質とは何であるかが分かるとは、蛋白質の成分とその位置を完全に分けたということなのです。

ところで、このように分けて理解するということ、それは対象あるいは一般に問題は、一瞬にして理解されるものではなく、一歩一歩、段階をふんで徐々にしか解決しえないということです。ここにもせっかちな人間性に対する科学的方法の特異性が現れております。私達はともすれば、地上から一飛びに屋根の上に飛び上ることを願います。しかし、そのようなことは人間には不可能です。私達は一つ一つ階段を上ってゆかねばなりません。先刻から申しておりますとおり、科学的知識は身体的知識です。ところが、身体的なものには飛躍はないのです。一つ一つこつこつと片づけてゆく以外には身体の方法はないのです。アルバイト（学問や研究上の業績）とはそういうものなのです。それは実際まどろこしい方法です。

けれどもそれは確実な方法でもあります。地上から一挙に屋根に飛び上ろうとすることは、あるいは全然不可能なことではないかも知れません。千に一度、万に一度はそれは可能かも知れません。また一般の人には不可能でも、非凡な人には出来ることかもわかりません。しかし、それはどんなに試みても、結局、全部徒労に終ることかも知れないのです。それに対して、段階を登ってゆく方法は、時間を要することであるとは言え、やがては必ず頂上に達しうる方法です。しかも、それは無限にどこまでも前進しうる方法です。科学の世界には不可能という言葉はないはずです。

分業する科学、孤独な哲学

以上述べた、哲学と科学の方法の違いからして、哲学は常に一人の人によってなされ、科学は多くの人々の協同研究によってのみ完成されるということが帰結します。すでにたびたび申しましたように、科学というものは球の表面の現象を知ろうとするもので、そのためには一人の人間、一つの科学では不可能で、どうしても分業と協力ということが必要となってまいります。ここに、科学には研究所というものが必要となってくるのです。「細かく、広く」というのが科学的知識の念願である限り、出来る限り細かく分かれた研究室と、出来るだけ異る立場から問題に取り組んでゆくための様々なセクションをもつ研究所的機構が科学に要求されてくるのは当然です。これに対して哲学の求めるものは「細かく、広く」ではなく、「ますます深く」ということです。というのは、これもすでに述べましたとおり、球の表面の一点から、その底へ底へとどこまでも自分の根拠を掘り下げてゆくのが哲学であるからです。哲学は、己(おのれ)自らを知ろうとするものである限り、それは他人によって、代ってもらうことの出来ないものです。哲学者は常に孤独なのです。

もっともこの点については、さらに説明が必要であるかも知れない。このことに関しては私達も後にもう一度ふれるつもりです。哲学の研究所というものも、考えようによっては不可能ではありません。いや必要であるとも考えられます。しかし哲学が自覚の学である限り哲学の本来の姿はあくまでもひとりぼっちのものなのです。

以上お話ししてきましたことを要約いたしますと、哲学の方法は反省と直観であり、科学の方法は観察および実験と分析です。そこで私達はさらにその一つ一つについて考察しなければなりません。次回にはまず「反省」ということについて考えてみるつもりです。

第三章 哲学の方法

一 反省について

この前には哲学と科学の方法の違いについてお話しいたしました。今日は哲学の方法である反省ということについて考えてみたいのですが、その前に前回の話のあらましを申しておきます。この前の講義の要点は一言で言えば、哲学の方法は反省と直観で、科学の方法は観察（あるいは実験）と分析であるということでした。もう少し詳しく申しますと、すでに述べたとおり哲学の対象は、存在の全体です。ところで、ほんとうに存在の全体ということが言えるためには、その存在の全体について語る人がその存在の外に立っていてはいけないので、その人自身もその存在のうちに含まれていなければならない。しかし、そうなると、その存在を外から眺めるということは、もう出来ないことで、ただ存在の自己反省としてのみ可能なこととなります。しかしながら、また、その反省ということは、ただ頭の中でいろいろと考えることではなくそれによってより深い存在の本質に触れるものでなければなりません。そこに哲学には直観という認識方法が必要となるのです。こうして哲学の方法は反省と直観ということとなりますが、それに対して科学は常に事実の上に組立てられる学問で、そのためには観察と実験ということが必要となります。しかし、事物を詳細に、正確に知るためには、与えられているものをただそのままで感覚的に受け入れるだけでは不十分で、そこに分析ということが要求されてきます。

哲学における「対話」の意味

以上が、この前お話ししたことの要点で、そこからして、これから私達がしなければなりませんことは、この四つの方法、すなわち、反省、直観、実験、分析ということを、一つ一つさらに詳しく検討することです。しかし、その仕事にはいる前に、この前に申したことのうちあるいは疑問を残したかと思われる点がありますので、それについてもう少しく説明を加えておきます。それは、科学は多勢の人々によって分業的協力的に研究されるのに対して、哲学は一人の人によってなされるということについてです。というのは学問が進歩するためには、それが科学であるか哲学であるかの区別なく、多くの人の協力が必要ではないかと考えられるからです。つまり協同研究ということは哲学にも必要ではないかという疑問です。そうして考えようによってはそれは実際必要なのです。なぜなら、一人の人で古代哲学と中世哲学と近世哲学を深く究めるということは不可能なことですし、また、西洋哲学とインド哲学と中国哲学を一人の人が深く身につけるということも、少なくとも普通の人には出来ないことでしょう。それどころか、研究が進めばフランス哲学とドイツ哲学とイギリスの哲学についてもそれぞれ専門的な研究が必要となるのでありまして、そこに、哲学研究所というような機構も望まれてくるわけです。しかし、今、問題としているのは、すでにある哲学を学ぶということではなく、自ら哲学すること、すなわち新たに哲学を作り出す場合のことで、その場合には哲学は一人一人行うほかはないと考えられるのです。しかしながら、実はここに今一つ問題があります。というのは、哲学は一人で考えるものではなく、ディアレクティケーすなわち対話ということこそ哲学独自の方法ではないか、そしてそれはプラトーン以来の西洋哲学の伝統ではないか。そうしてさらに一歩を進めて考えると、十九世紀までの哲学はそうであったとしても、今日では単に二人の対話ではなく、若干の選ばれた人々による思索、すなわち委員会というものこそ現代の哲学の方法ではなかろうかとも考えられるのです。

　しかしながら、科学における分業的研究と、哲学におけるそのような協同研究には根本的な相違があります。なぜなら、科学の場合には、それらの別々の研究は、それはそれとして独立したもので、したがってそれを集めることによって一つの全体的研究が生れるのに対して、哲学の場合はひとりで思索しては独断つまり一人よがりに陥る怖れがあるため、対話という形や委員会という制度が生れたのです。要するにそれは相互に批判し合うところに意義があるのであって、哲学本来の姿はどこまでも各人の自主的な思索という点にあります。もっとも、委員会というものが多数決という方法で結論を得ようとするものであれば話は別です。しかし、多数が必ずしも正しいとは限りません。委員会の存在理由は決して多数決による決定ということにあるのではなく、委員各自が自由にその意見を表明し、それを互に批判し合いつつ最も秀れた結論を導き出すことこそ、委員会の正しい在り方です。そうしてそのような結論は、結局、委員の誰かによって考えいい出されねばならないのです。ともかく、独断をさけ、また、自分の狭さを補うために他人の意見に耳を傾けながらも、自ら思索することこそ、文化科学とくに哲学の特色です。哲学における対話は他人を媒介（ばいかい）としながら、実は、自己と自己との対話なのです。一言で言えばモノローグこそ哲学の方法なのです。そうしてそれこそ反省ということに他なりません。

反省とは何か

では反省とは何か、それこそ、今日の私達の問題です。

私はこの問題を反射ということから始めようと思います。反射とは、例えばボールが壁に当ってはね返ってくるように、一つの物体がもとへ戻ってくることです。ところで、反省というのは、ただ戻ってくるということではなく、戻ることによって自分が自分に意識されることなのです。それは、だから、むしろ山彦、すなわちこだまに似ております。谷をへだてたあちらの山に突き当った歌声は、そのまままこちらに返ってきて、それを歌う私自身が、自分の声を聞くのです。つまり、反省とは、ただ存在することあるいは行動することではなく、その存在や行動を知識の面に映すことです。その意味ではやはり、反省について語るのに一番いい喩えは鏡です。鏡はすべてのものを映し出します。しかし、反省の場合には、問題となるのは鏡がものを映すということではなく、鏡に自分の姿を映すことによって、自分自身を見るということです。すなわち、自覚するということなのです。

いったい、すべてのものは、自ら意識しているかいないかは別として、ともかく存在しています。それを一度、外へ投げ出し、そのように自分を対象化しておいて、その自分を眺めることが反省ということです。そのことを哲学者は難しい言葉で即自的なものを対自化し、さらに即自かつ対自化すると言い、ドイツ語ではそれを an und für sich と言うのですが、そんなむずかしい言葉を用いなくとも、自分の姿を鏡に映す場合のことを思い浮べれば、自覚ということの意味はわかるはずです。

では、そのように自分で自分を見るとは何を意味するでしょうか。それは泉のほとりに生えている水仙が、水に映った自分の姿にみとれるようなものではありません。自己を反省するとは自己陶酔に陥ることではありません。そうではなくして自己批判をすることです。すべて学問は批判ということがあって始めて生れるのです。いったい、学問は合理的精神の上に成立するものですが、合理的精神とは批判的精神です。いかなるものをも無条件には受け入れないということ、つまり、無批判的には承認しないというのが合理的精神です。しかし、これは哲学に限ったことではなく、科学もこの批判的精神の上に成り立っております。ところが、哲学するとはただ批判することではなく、自分を批判することなのです。例えば、今、私は反省ということについて一つの意見を述べております。それに対して誰かが意見を述べることが批判するということでしょう。しかし、学問というものはただ他人の説を批判し否定するだけでは不十分で、それに対して新しい見解が示されなければなりません。自分の姿を示さずして他人の説をとやかく言うのは、暗闇で他人に切りつけるようにさもしいことです。ともかく、批判は同時に自分自身の見解の表明を伴うべきです。ところがその人がもし自分の意見を述べるとすれば、それはすぐに第三者の批判の的となっていることを忘れてはなりません。ところで哲学というものは、そのような批判を他人にさせず、自ら自分でその批判をするのです。哲学を科学から区別するものはこの自己批判という点なのです。カントが近世西洋哲学の確立者であると考えられるのも、それは彼が批判主義というものを確立したからです。

しかし、それでは反省ということは、これで問題が終ったのか。ここでカントのことを少し述べたいと思います。もちろんカントの哲学全般についてではなく、カントにあって批判とは何を意味するかという点です。カントの出発点は、彼以前の哲学説は独断的でしっかりした学問的基礎をもたぬと考え、何とかして哲学をも客観的な学問にしようとするにありました。そうして、そのために彼は、すでに立派な学問となっている数学や物理学が、なぜそのような学問性をもつかを明らかにし、それによって哲学にもその性格を与えることによって、哲学をも真の学問たらしめようとしたのです。そうしてカントは、実際、数学と自然科学の根拠を明らかにしたのでありますが、今私達にとって大切なのは、その場合のカントの説の内容ではなく、そこに現れている批判ということの意味です。というのは、カントのいわゆる一般的妥当性と必然性、――それは要するに学問性ということですが――その学問性をもった学問（つまり、数学と物理学）を、事実として認め、その事実はどのような根拠によってそうなのかと問うところにカントの批判主義は成立しております。問題はまさにその点です。つまり、カントにおいては「批判とは事実の可能の根拠を求めることである」と解されているのです。そうして、実際、哲学とは「事実の学」ではなく、「その事実の可能の根拠を明らかにする学問」であると考えることは正しいことです。

　しかし、ここに重大な問題が現れます。というのは、もし、哲学がそのようなものであるならば、哲学というものは、ただ事実のあとを追いかけるだけで、新しいものを生み出す力は哲学にはないということになるからです。いや、それどころかそれでは哲学はどこまでも消極的否定的で、かえって退嬰的であるとさえ申せます。オーギュスト・コントが形而上学には何ら建設的なものがないとして否定したのも、また世間の人が哲学者なんかに何が出来るものかと思うのも、一応、もっともなことなのです。

しかし、哲学という学問は、それでいいのか。反省とはただ、すでにある事実の可能性を理論的に考えるというだけのものであるのか。

よりよい自分をもつために

ここで、私達はいったいどんな場合に反省するのかと考えてみましょう。というのは、鏡があって自分を映すのではなく、自分の前に鏡を立てるということこそ反省なのですから。この点について、フランスのカントとも言われたメーヌ・ド・ビランはこんなことを言っております。「不健康な人でなければ自分の存在を感ずる人はほとんどない。健康な人々は、哲学者でさえも、生とは何かと探求するよりもむしろ生を享楽しようとする。彼等には自分の存在を感じて驚くということはほとんどない。……健康は我々を外のものへつれてゆき、病気は我々を内につれ戻す」。メーヌ・ド・ビランはここで、私達を内省させるものは病気であると言っているのですが、それはさらに一般的に申しますなら、私達が内省し、反省するのは、生活が順調にいっている時ではなく、何か障害に出逢った時であるということです。すなわち、ただ病気の時ばかりではなく、自分の学問がゆきづまったり、経済的に苦しんだり、恋愛問題で悩んだり、あるいは社会機構に破綻が生じたり、歴史が危機に瀕した時に、自己反省の必要が感ぜられてくるのです。鏡が反射するというのも、それは光の前進が妨げられるからです。ともかく、反省は一般的に何かの壁に突き当った時に生ずるものです。しかし、それでは、障害がなければ、哲学は生れないのでしょうか。実はそうではありません。アリストテレースも言っておりますように、「人間というものは、本来、知ることを欲する」ものです。そうして、知るとは普通は自分の外にあるものを知ることですが、人間が知的になるほど、その知は単に外にあるものの知識だけでは満足せず、自分自身をも知ろうとするようになり、そこに、自己反省が起るのです。

それでは、人間はなぜ自己反省などということをするのでしょうか。ここで今一度、鏡のことを考えてみます。私達は何のために鏡に向うのか、例えば女の人が鏡の前に坐るのはなぜか。それは泉のほとりの水仙のように、ただ自分の姿に見とれるためではありません。少なくともそのためばかりではありません。それは鏡に自分を映すことによってさらに自分を美しくするためです。すなわち、化粧するためです。これと同じく、反省はよりよい自分を作るためになされるのです。日に三度自分を省みるということ。あるいは一日の終りにその日の自分を省みるのは、よりよい明日の自分をもつためです。では、鏡に自分を映すことによって、自分を一層美しくするにはどうすればいいのか。女の人達はそこでパフをはたき、口紅をつけます。しかし、実際は、そんなことで、その人がほんとうに美しくなるものではありません。人間の真の美しさは自然のままの肉体の健康の美であり、さらにその健康な肉体の奥にある、その人の魂の美しさが、その人を麗しくするのです。人間をほんとうに美しくするものは読書——つまりいい本を読むこと

――であると言われるのもそのためです。このように考えるなら、鏡に向うのは、現にある自分の上に、見せかけだけの上ぬりをするためではなく、それによって、ありのままの自分を眺め、それを通して、自分の弱点、欠点を改めるためです。鏡を見るのは、自分のすさんだ生活を白粉でごまかすためではなく、労働で乱れた髪を整え、またゆがんだネクタイを直すためでなければならないのです。自分自身をよくせぬ限り、鏡に映る映像のよくなりようはないのです。

このように考えてきますと、反省とは現在の自己を見ることによって、より深く自分を掘り下げることです、あるいは、より深い自我を発見することです。

反省のもつ二つの意味

ここで私は言葉をはっきりとさせたいと思います。今まで私は反省とは自己批判であるとも、自覚であるとも述べてきたのですが、実はこの二つのことは同じことではないのです。自己批判とは現在の自分を、それではいけないとすること、すなわち、自己を否定することであり、自覚というのは、自分で自分を見出すこと、つまり自己を肯定することですから、この二つのことは同じであるどころか、むしろ正反対のことなのです。それにもかかわらず、反省とは自己批判であるとともに自覚であるとは、どういうことなのか。反省というものの、秘密はまさにここにあるのでありますが、それはどういうことなのか。私はここで、今までにこの講義ですでにたびたび述べたあの球の喩えを今一度引用したいと思います。哲学の方法は、球の表面の一点から、その底へ底へと掘りさげて、最後には球の中心をとらえようとするものであるというあの比喩です。「反省とは自己批判である」というのは、球の表面にある自己が、その根底におりるために、自分を放棄することです。この意味において、反省とはどこまでも自己否定です。田辺元博士が『懺悔道としての哲学』を説かれたのは哲学の厳しい自己否定の道を端的に表明されたものです。しかしながら、反省とは単に自己を否定することではありません。現在の自己を否定することによって、新たな自分を見出すのが反省ということなのです。それは、球の中心が自分をあらわにすること、すなわち、その折までは存在しながらも意識されなかった存在が、自己を意識にのぼすことです。ここに存在の自覚が成立するのです。

以上によって、反省とは自己否定であるとともに自己肯定である理由は納得されたかと思います。

ただ、私はここでそれが「存在の自覚」であるという点をとくに強調しておきたいのです。というのは、自覚とは、普通、ただ意識の問題であると考えられております。すなわち意識の内省が自覚であると思われています。しかし、自覚というのは単に意識だけの事柄ではありません。このことを三木清は次のように言っております。すなわち「自覚というのは、自己が自己を知ることに即して、自己の根拠であるものを知ることである」と言い、さらに「自覚は単に意識に関わるものではなく、存在に関わるものである。単なる自己反省ではなく、自己への反省が同時に他者への関係づけであるというところに、自覚の本質がある」と述べております。そうして、「その他者とは、自己の存在の根拠であるものを示している」と説明しているのです。

世界における自分の位置を知る

これは、言葉を換えて言えば、反省するとは、世界における自分の位置を知ることであるということなのです。私達はともすれば自分は完全な独立者であると思いやすい。しかし、私達は独立者であるどころか、非常に多くのものに依存している。それはただ私達の体が多くの物質によって成り立っているだけではなく、その身体は周囲の環境によって存在しているのです。しかもその環境は、自然環境だけではなく社会環境であります。その上、私達は時間的にも過去によって決定されております。過去の病気や、両親や、祖先や民族が私達の現在を決定しています。そうしてさらに、体がこのように他のものに関係しているだけではなく、私達の意識や精神もそうなのです。例えば、学校で教わった理論や書物で読んだ思想が、今日の自分の精神に大きな影響を与えているばかりでなく、友人の思想や見た映画や、食物や天候や月給が我々の精神の内容を大きく支配します。このように考えると私達が普通自分と思っているものは、実は自分ではないのです。反省とは、このような偽りの自分を次々に放棄して、真の自己を発見することです。反省とは世界における自分の位置を知ることというのはそのことです。そうして、それは逆に言えば、世界すなわち存在が自己を自覚することなのです。しかし、ここで最後に注意しなければなりませんことは、その世界とはすでに出来上っているものとして存在しているのではなく、私達自身がその世界を現に創造しつつあるのだということです。その意味では世界の自覚とはそれ自身、世界の自己批判です。現在の社会と歴史の動きはこのままでいいのかと世界が自己を反省することが、すなわち哲学であるなら、哲学とは時代批判の学であるとも言えるのです。

二　直観というもの

この前には哲学の方法である反省ということについてお話しいたしました。今日は哲学のもう一つの方法である直観について考えてみようと思いますが、その前に、前の講義の要点を申しますと、反省とは一方において自己批判、すなわち自己否定であるとともに、他方において自己肯定、つまり、存在の自覚であるということです。もう少し詳しく申しますと、反省とは、ただ自分がこうであるということだけで満足せず、なぜそうなのかと、その理由を自ら問うことです。そうして、そこに、自分を成り立たせているより深い存在を見出すことなのです。それは、出発点であった始めの自分を否定して、より大きな自分を見出すことで、ここに存在の自覚が成立します。ここで私が特に強調しましたこと、それは存在の自覚ということでありました。すなわち、反省とか自覚とかいうことは、単なる意識の問題ではなく、存在の問題であるということです。こうして、哲学とは抽象的に「存在とは何か」などと考えるものではなく、出来るだけ現実的具体的な存在について考えるものであるとしますなら、そうして、その最も具体的な存在とは、歴史的社会的現実であるとするなら、「哲学とは時代批判の学である」と言えるのです。

なお、哲学の方法が「反省」であるということと、哲学の対象は「存在全体」であるということとは不可分のことで、全体の学であればこそ、反省という方法が要求され、反省ということによってのみ、存在の全体が対象となってくるのです。この点から言えば、哲学をこれから始めようとされる方は、どんな問題から始められてもいいのです。科学にはそれぞれ対象があって、例えば植物学は植物を対象としなければ植物学にはなりません。また、植物から出て動物まで問題とすると、それはもう植物学ではなくなります。しかし哲学は何から始めてもいいのです。何から始めても、それだけにとどまっていないで、その思索がだんだん拡がって存在の全体に及ぶこと、あるいは及ばねばならぬところに「全体の学」としての哲学の特色があります。その意味では、哲学というものは、自分の身ぢかなところ、しかもあまりに身ぢかであるために、絶対に他人に代ってもらえぬほど自分一人の生々しい問題から始めるのが、いいのではないかと私は思っております。しかし、その自分一人の問題は掘り下げることによって存在全体の問題となるのです。一言で言えば、「自分の問題は世界の問題であり、世界の問題は自分の問題である」というのが哲学の立場なのです。

この前の講義で私が言おうとしたのは以上のようなことでありました。ともかく反省とは単に事実の可能の根拠を理論的に考えるだけではいけないので、その反省を通して、新たな、あるいは、より深い、「存在」に触れることが必要なのです。そうしてそれを実現するものこそ直観というものなのです。しかし、果して、そのようなことが出来るものか。いったい、直観とは何か、ここから私達の今日の思索は始まります。

「直観」は可能か

今日の講義の結論を最初に申しますと、私は直観というものは可能であると思うのです。そうして哲学はこの直観によって、始めてほんとうの哲学になると考えます。問題は、直観が可能かどうかということよりも、何を直観と呼ぶかという点にあります。それはこれから考えてまいりますが、普通、多くの学者は直観などというものは承認しないものです。それで、私はその人達が直観を認めないのはなぜかということから、話を始めたいと思います。

直観という言葉は、ほかの多くの言葉と同様、いろいろな意味をもっておりますが、ごく普通に使われているのは「ちょっと一目見るだけですぐ対象の本質を把（つか）んでしまう認識能力」というような意味ではないかと思います。例えば、将棋や碁で、次に打つ手を直観するとか、また始めて会った人の人物人柄を一目で直観するとかいうのは、その意味です。ところが、科学者は一般的にそのような認識の確実性を信用しませんし、科学者でなくとも、少し合理的な精神をもっている人なら、誰でもそのような認識に疑いをもつのは当然です。実際、ものごとを正確に知るためには、問題となっている対象の全体を、一度、部分にわけて細かく調べることが必要でありますし、また、時間をかけて、ゆっくりそれを研究すべきです。つまり、空間的にも時間的にも、一挙に知るというようなことは人間には出来ないことなのです。このことは、認識能力のほうから考えてみてもわかることで、ものを知るにはまず感覚を働かせねばなりませんが、正しく知るためにはその感覚を細かく、用心深く働かせねばなりません。また、ものを知るには、よく考えることが必要で、将棋の例でもわかるように、よく熟考して始めてわかることを、それをしないで瞬間的に結論を出して、それが間違わないということも、少なくとも一般の人には出来ないことです。

そうして、さらに大切なことは、私達が直観という言葉を使う時には、何かものの本質を直観すると思うのですが、実際に私達が見ているのは、ただものの現れ、すなわち現象だけであって、その現象の奥にひそんでいる本質を捕えるというようなことも出来ないはずです。このように考えてくると科学者や、一般に知的な人々が直観などというものを承認しないのは全く正しいことなのです。私自身、今述べた意味においては、それらの人々の考えと全く同様であることを、ここにはっきりと申し上げておきます。

ところで、私はここに全く別の話をもち出そうと思います。今、私は話をしております。そうして、そのために口を動かしております。つまり身体を動かしております。では、その身体の動きは、どうして知られるか。口の例では動きが小さいですから、体全体の運動、例えばマラソンを例にとります。マラソンをしている人を眺めている見物人は、その選手がある時間にはどの地点におり、次のある時刻には、どこにいるというふうにして、その選手の運動を知るわけです。しかし、その運動を知るには、もう一つ別の方法があります。それは、走っている選手自身が息を切らして走りながら、自分で感ずる運動です。そうして、そこにこそ、身体的変化や、精神的苦痛の生々しい動きが実感されるはずです。

今、私が申しておりますのは、もちろん、マラソンのことが中心ではありません。ものを知るには二つの方法があるという点です。すなわち見物人として眺めるか、自分自身そのものとなって実感するか、ということです。もっと簡単に申せばものを知るには、外から見る方法と、内から知る方法とがあるということです。そうして、今述べたように考える限り、内から知るという知り方もあることは、誰にも承認されることと思います。

ところで、このように内から知る知り方を私は直観と呼ぼうと思います。直観という言葉は英語では、御承知のとおり、intuition と言います。その intuition という言葉は、ラテン語の intuitio からきており、その intuitio とは、intueor つまり「内を見る」ということです。ですから、内を見ることを日本語でも直観と言ってもいいはずです。しかし、直観とはただ内を見るというだけのことではありません。そこからして話がだんだん難しくなってくるのですが、まず気づくことは直観の対象となるものは、ものの空間的な現れではなく、その現れの奥にあって、それを可能にしているもの、つまり、原動力であるということです。その原動力を生命力というか、時間というか、意識というか、あるいは精神というか、そこにはいろいろ問題がありますが、ともかく、動きそのもの、あるいは動きのもと（つまり原動力）は内から知られるものです。しかも、それは内から知られるだけではなく、内からでなければ、ほんとうには知ることが出来ないものなのです。このことは逆に申せば、直観というものは、何にでも適用出来るものではなく、物質とか空間とかいうものは、直観出来ないものなのです。水とか、ダイヤとか、蛋白質など、すべて物質は、それを部分にわけ、またそれを調べるのに時間をかけて、こつこつと研究する以外には、知りようもないものです。

　ですから、先ほど申しましたような、ちょっと見てすぐ本質がわかるというような意味の直観は、やはり成り立たないのです。このことは認識能力の方から考えても同じで、知性や感覚をはたらかせてものを直観しようとしても、それは出来ないことなのです。しかし、ここに大切な問題がひそんでおります。というのは、感覚や知性を働かせても直観が出来ないということは、直観というものが一般的に不可能ということではなく、感覚や知性で直観することはできないということなのです。直観が行われるためには別の能力が働かねばならないのです。それは何か。

対象と一つになる

私はそれを、皆様御承知の哲学者ベルグソンに従って、sympathy と呼んでみたいと思います。sympathy は同情とか共感などと訳されますが、要するにそれはロゴスつまり論理的なものではなく、パトスすなわち感情的あるいは情感的なものです。そうして、それはともに感ずることですから、結局、対象と一つになって、それを内から実感することです。ごく普通の意味でも、他人に同情するとは、ある事柄を、他人事（ひとごと）、つまり他人のこととせず自分自身その人の身になってみることですが、今私達が言っている sympathy というのも、それなのです。それは対象と自分とが一つになって、共鳴することです。自分自身そのものになり切って、そのものを内から実感するのが sympathy であり、直観です。それは、ちょうど、マラソンをしている人の走ってゆくのを、道路に立って眺めることではなく、自ら選手となって走りながら、その動きを実感することです。

しかし問題はそう簡単には片づきません。今、私達が取り上げているのは、実践ではなく、認識の問題です。そうして、認識となると、知性とか概念とかが必要ではないかと考えられるのです。ところが、直観は概念的認識ではありません。しかしそうなると、直観的認識では、学問とはならないのではないかという疑問が起ります。しかし、ここにこそ直観というものの本質があるのでありまして、私達はここで直観の非概念性を非難することをやめ、逆に概念というものを棄てることが必要となるのです。私達は普通はものをほんとうに認識しているのではなく、すでに出来上っている概念でものを判断しているのです。例えば、自分の見ているものを、これは花であるとか、菊の花であるとか、あるいは白い菊の花であると、思ったり言ったりして、それで目の前の対象を認識したと思っております。しかし、これではただ対象をすでに自分がもっている概念のどれかに入れるだけで、その対象のほんとうの姿をつかんだことにはなりません。ほんとうに物を知るとは、そのような既成の概念をぶちこわして、対象そのものと一つになることでなければなりません。直観はそこに成立するのです。

直観と感覚

このことは、直観と感覚についても言えることです。感覚というのは、普通は外にあるものを受け入れるものです。ものを見たり聞いたりするのは、皆そうです。私達はそれを外感覚と言うことが出来ます。ところが、直観というのはそのような外感覚を捨てて、自分のうちにより深い存在を感ずるものです。あるいは自分の底に降りることによって、対象の存在原理を共感するものです。ちょっと考えると、外にあるものはどこまでも自分にとっては他者で、それを自分のうちに共感するなどということは出来ないことのように思われます。例えば、二つのビルディングの間にはそれをへだてる道路と空間とがありますから、一方の建物の窓から他方の窓へ飛び移るなどということは出来ないではないかと思われるでしょう。しかし、そうとは限りません。もし二つのビルディングが地下道で連絡されておりますなら、一度下までおりさえすれば他方へ移ることが出来ます。

しかし、その地下道などというものが果して存在するものかどうか。しかし、ここにこそ、直観というもの、また、哲学というものの特色がはっきり認められねばならないのです。私はこの講義の始めから、哲学の対象は時間であり、動きであると述べてまいりました。それは言い換えれば、生命こそ哲学の対象であるということです。ところが、生命となると、すべての生物には何か共通なものがあるのではないかと思われます。個々の生物は、ちょうど、都会にそびえ立つ多くのビルディングのように、一つ一つ別々のものでありながら、それは何か共通の地下道でつながっているのではないか、今生きている生物は別々でありますが、それらは発生的には何か共通のものから分化したものではないかと思われます。そうして、もし生物はただ一つの生物から分化したものではなく、最初から多くの原始生物があったとしても、それらをすべて生物として生ずるためには、何か同一の条件があったと考えねばなりません。このように考えますと、哲学は「生命の自覚」として成立するのです。

このことは直観についても言えます。すなわち、直観はすべての学問に用いうるものではありませんが、生命の原動力を探求する哲学には適用しうるのです。ですから私は始めから直観とは動きの内観であると言っているのです。そうしてこのことは逆に言えば、物質の学である科学には直観という方法は適用すべきではなく、また、それは出来ないことなのです。

「偉大なる思想はクールより来る」

以上で、私の言う直観とはどんなものかということは、多少はわかっていただいたかと思います。恐らく、このことはもっと詳しくお話ししなければ十分には納得していただけないでしょうし、誤解を招く心配も非常にありますが、限られた時間ではこれ以上申し上げることは出来ません。それよりも、もし直観を今まで述べてきたように解しますと、哲学自体が論理以上のものとなるおそれが生ずるのでありますが、それでもいいのであろうかということをさらに考えてみなければなりません。

しかしそれに対しては、私はヴォーヴナルグという人が言っている Les grandes pensées viennent du cœur. という言葉をここに引用したいと思います。つまり彼は「偉大なる思想はクールより来る」と言っているのです。クールというフランス語は英語のハートに当る言葉で、心臓でもあり、また心情でもあります。それはどうも日本語にはうまく訳せませんので原語で申したのですが、言おうとすることは、要するに、偉大な思想は頭脳からくるのではなく、心臓からくるものであり、また、知性からくるものではなく感情からくるものであると言うことです。実際、ほんとうに偉大な思想というものは決して、ただ頭で考え出されたものではなく、偉大な哲学者が存在の根源に自ら触れて、はっと感ずるところから発するのです。それこそ正しい意味の直観です。そうして一流の哲学者は皆このような直観をもっていると考えたいのです。二流三流の哲学者は頭で哲学体系を考え出すかも知れません。しかし、ほんとうの哲学はそんな抽象的なものではなく、実在の根源にふれ、それと共鳴するものと考えたいのです。

しかし、このように考えた場合、哲学の学問性はどうなるのか、論理をもたずして哲学という学問は成立しうるものなのか。直観というものは芸術の世界では許されても、それを哲学に持ち込むことが許されていいものか。しかしながら、私達はここで論理とは何かということを考えてみなければなりません。論理というものは単に頭の中で考え出されるものではありません。数学はあるいは人間の知性が考え出すものかも知れません。しかし、それについても、公理主義とか、直観主義とか、歴史主義などがあって一概には言えぬことです。まして論理、特に存在の論理となれば、それは頭で考案されるものであってはならないのです。

人間の頭脳があって存在が説明されるのではなく、存在があって、それに応ずる論理が見出されるのです。思索があって哲学体系が考え出されるのではなく、まず存在の純粋経験、すなわち直観があって、その上に存在の論理が展開されるのです。直観が先で論理はあとなのです。プラトーンの哲学、アリストテレースの哲学、アウグスティヌスの哲学、ヘーゲルの哲学、というふうに一々例を挙げるまでもなく、人類が今までにもった偉大な哲学は、すべて、それらの巨人の「直観」の論理化、体系化にほかならないのです。しかし、また、哲学には、どこまでも論理化ということが必要であることも、私はここで強調しておきたいのです。哲学というものはフランスのモラリスト――先ほど名前を上げたヴォーヴナルグもその一人ですが――そのモラリスト達の得意とするような哲学的警句に終ってはならないのです。哲学はどこまでも論理的な体系をもたねばなりません。この点日本人は、一般的に言って、モラリスト的な哲学的警句つまり気のきいた言葉をよろこんで、体系化された哲学を嫌い、したがってまた、体系化への努力を欠きやすいのですが、これは改められねばならぬことだと思います。

しかしながら、それにしても哲学体系の底には直観があるということは忘れてはならないのです。ただ、そうなると、哲学と芸術の相違が問題となるのですが、芸術は直観を、色彩や、形や音やその他の感覚的手段によって表現しようとするのに対して、哲学は直観を論理化するところに、両者の違いがあるのです。

哲学と個性

以上述べましたことで、直観とは何かということ、と、哲学はその直観の上に成り立つものであることは明らかになったことと思います。しかしながら、そのように考えますと結局、哲学は個性的なものとなってしまいはしないか。それはたしかにそうなのです。しかし、それでいいのです。いや、そうでなければならないのです。哲学は個人的なもの、すなわち主観的なものであってはならないのですが、個性的とは個人的ということではありません。個性的とは、一つ一つ別々のものでありながら、しかも互に相通ずるものをもつことです。科学は数学的に表現されるような客観性をもたねばなりませんが、哲学は個性的でなければならないのです。それぞれの哲学は、各々の哲学者が自分の底へ掘り下げることによって、いずれも実在の一面に触れております。いろいろな哲学の相違は、その掘り下げる深さの相違なのです。

しかし、それでは、人間のあるだけ哲学もあるということになりはしないか。実はそうです。あるいはそうあるべきはずなのです。しかし、実際は、そうではありません。というのは、真に自分を反省し、存在を直観する人が少ないということなのです。私達は哲学が個性的であることを非難すべきではありません。むしろ、その反対に真に個性をもつ人、ほんとうに自己をもっている人が稀（まれ）であることをこそ悲しまなければならないのです。

第四章 科学の方法

一　分析について

　前回と前々回は哲学の方法についてお話しいたしました。今日から科学の方法の問題にはいります。今までの講義ですでに明らかとなりましたことは、哲学の方法は反省と直観であるのに対して、科学の方法は分析と実験であるということでした。それで今日はそのうちの分析について私の考えを聞いていただこうと思います。ただ、この前の講義で取り上げた直観ということは、非常に難しい問題で、また、この直観についてはいろいろ反対意見もあると思いますので、前の時間にお話ししたことの要点を今一度繰り返しますと、普通は、直観というものを何か自分の外にあるものを一目見て、一遍にそのものの本質をつかむ不思議な力と考え、そうしてこのようなことは不可能と考えるか、あるいは、誰かがそれを行うと言ってもそれは全く主観的独断的なものだと反対するのです。この反対論は、全く正しい主張でありまして、私もこの意見には同意するのです。しかし、ものの見方には二つあって、それは外から眺める方法と、内から内感する方法ですが、この内から知る方法を私は直観と名づけたのです。

直観をこのように解することはintuitioという言葉の語源からも許されることです。しかし、こうなると、直観というものはすべての対象に適用しうるものではなく、内から見ることの出来るものだけが、直観出来るということでもあります。逆に言えば、物質というものは直観出来ないものなので、ただ私達が自分の内に内観する「生命」のみが直観の対象となります。その意味では、哲学とは、生命の自覚であります。生命というものは浅く理解することも出来るし、深く把握することも出来るものでありますが、哲学の深さとは、その直観の深さなのです。しかし、それでは、結局、個人的なものになりはしないかという心配が起るのですが、真の直観とはかえって個人的自我を捨てて、自分だけではなくすべての生命を成り立たせているより深い生命の根源に迫るものなのです。したがって、直観が深ければ、他者のうちにも、生命を感得出来るのです。しかし、それはいったん自分の底へ降りることによってその同一根底の上に他者の本質を把えるのですから、あの有名な心理学者テオドール・リップスの「感情移入」説、つまり、自分の感情で相手をおしはかるというのとは全く別であることをここに一言しておきます。

それから、直観はただ受動的にぼんやりと対象を見ていさえすれば生れるようなものではなく、非常な緊張のもとにのみ成立するものであることも見逃してはなりません。哲学者の目はうつろな眼ではなく、対象にしみ入るような澄んだ瞳なのです。哲学者のまなざしは鋭いものでもあり、温かいものでもあります。それから、また、直観は一回限りのものではなく、自己否定をしながら、何度でも繰り返されなければならないものであることを申し添えておきます。ともかく、このようにして、いろいろな現象を手掛りとしながら、生命の本質を自覚するのが哲学で、その方法が反省と直観なのです。

それでは、科学の方法である分析と実験とはどういうものかということが、次の問題となってまいりますので、今日はそのうちの分析について考えてみようと思います。

部分に分けて全体を見る

分析という言葉、あるいは英語のアナリシスという言葉は、いろいろの意味をもっておりますが、最も具体的に考えますと、それは物を分割または分解するということです。ギリシア語のアナリュオーという動詞は物を破壊するという意味にも用いられますが、要するに、物を細かく分離することが分析です。子供が玩具をこわすのも一種の分析（アナリシス）です。しかし、今私達が問題としているのは具体的な物体を実際に部分に分けることではなく、認識の方法としての、分析という方法です。もちろん、その認識の方法としても、ある場合には対象を実際に分割することもあります。医学における解剖では、身体は実際に部分に分けられます。しかし、認識の方法としての分析では、必ずしも具体的に分割されるとは限りません。またそれは出来ないことです。

例えば「人間とは何か」ということを知ろうとする時、人間の身体は部分に分けることが出来ます。しかし、それは、物体としての身体だけが解剖出来るので、体の機能となると、それは出来ないことです。なぜなら、機能とははたらきであり、はたらきそのものは空間的なものではありませんから、それにはメスを入れようもないものです。その上、人間とは単に有機体としての身体だけではなく、それを取りまく環境と不可分でありますし、また、社会という機構の一員でもあり、さらに、ものを考えたり喜んだり悲しんだりするものでもあります。とすればそれを分割によって取り出すなどということは出来ないことです。このように考えると、分析とは「本来一つであるもの」を、「分けて認識する」ということです。また、そうであるからこそ、この方法は単に具体的事物に対してのみならず、いかなる抽象的問題にも適用出来ることとなるのです。「分析とは何か」ということ自体も分析的に明らかにすることが出来ます。今、それを実際に試みてみますと、先刻述べましたとおり、それは一方では、(1)具体的、物質的分割であるとともに、他方では、(2)抽象的観念的分析でもあります。ところで、その物質的分割にも二種あり、その一つは、(a)ただ細かく切断することで、もう一つは、(b)対象を研究するために部分に分けることです。そうしてこれこそ正しい意味の分析です。子供が玩具をこわす場合にも、その中味が知りたくてこわす場合にはすでに分析が行われているのです。次に、(2)観念的分析ですが、これにも、

(A)論理的分析と(B)数学的分析があり、さらに、その論理的分析の意味も、プラトーンとかアリストテレースとかデカルトとかカントとか、要するにそれぞれの哲学者によってその方法や意味が変ってまいります。このことは(B)数学的分析でも同様で、（イ）古代人、つまり古代ギリシア人の言うアナリシスと、（ロ）デカルトの解析幾何と、（ハ）現代人の言う解析ではその内容が違っております。（イ）古代人の言う解析とは一種の作図法で、ある問題がすでに解かれたとして、そのためにはいかなる条件が必要であるかということを、補助線を使って考えることでありますし、（ロ）デカルトの解析とは御承知のとおり、幾何を代数的に解くもので、ここに古代の証明的演繹的数学に対する、発見の論理としての近世数学の特色が示されております。これに対して、（ハ）現代私達の言う解析とは、幾何学に対しては代数的であるとともに、代数一般に対しては、特に「連続」を取り扱うところにその特色があります。つまり極限概念を用いることによって、運動を数学的に考えようとするのが近代解析というものと考えていいのではないかと思います。

分析とは何かということを説明するために、「解析」という概念を例に取りましたため、かえって話がややこしくなったかも知れませんが、しかし、その例でもわかりますように、複雑な内容をもった対象（あるいは、問題）の内容を純粋に取り出すことが分析ということなのです。一軒の家に鼠がいる時、ペストが怖ろしいからといって、その家全体を焼いてしまうのではなく、その鼠をどこまでも追いつめるのが分析です。しかも、分析とは個々の部分を明らかにするだけではなく、全体を同時に示すものです。つまり、シノプシスを与えるものです。シノプシスとは、ちょうど、鳥が空から地上の景色を一目で見渡すように、多くのものを全体的、同時的に眺めることです。そうしてそれをただ全体として見るのではなく、部分に分けて、あるいは部分に分けることによって見るのが分析です。

ともかく、分析とは分けることによって知ることです。いったい、「ものを知る」とは、分けることであるとも言えるのです。「ものがわかった」とは、「分けた」ということです。もっともほんとうは、もののわかり方には二つあります。一つはそのものに自分でなってみることです。例えば、「女性とは何か」ということは、女の人は誰でも自分でわかっているはずです。しかし男の人は、自分で女性になってみることが出来ませんので、女の人をいろいろの立場から分析して「女性とは何か」ということをわかろうとするのです。

分けずに全体のままとらえる

このように、「知る」ということ、また、「わかる」ということを、二つにわけて考えますと、結局、分析とは、外からものを知る方法であるということになります。それに対して、内から知る方法が直観であることは、もう繰り返して申すまでもないでしょう。それよりも、ここで皆様に気づいていただきたいことは、私が分析と直観とを対立させているという点です。と申しますのは、普通は分析に対して綜合(そうごう)ということが、その反対概念だとされているからです。もちろん、分析に対して綜合が考えられるのは正しいことです。分析とはものをその部分に分けることであり、その部分をもう一度一つにまとめるのが綜合でありますから、分析と綜合とは明らかに反対概念です。しかしながら、また、綜合は部分があって始めて成り立つことなのですから、その意味から言えば、分析と綜合は共通の地盤に立っていると言わなければなりません。それに対して、直観とは、ものを分けずに、全体のままでとらえようとする知り方です。このように考えると、分析に対して直観を対立させることも出来るのです。そこで、それでは、この二つの認識の仕方の根本的な違いはどこからくるのであるか、ということになりますが、それは結局、外から見るか、内から知るかということに帰するのです。

記号による認識

ともかく、分析とは外から見る立場です。というよりも、外からものを知る方法として、分析という仕方が生れたのです。与えられているものはただ一つのものです。例えば今、私の前に置かれているのはただ一つの机です。それを、こちらから眺め、そちらからも眺め、上からも見、下からものぞいて、この机を知るのが分析という知り方です。また、この机は、物理学の対象ともなり、植物学の対象ともなり、経済学の対象ともなります。しかし、この机はそんなことには無頓着に、ここに置かれております。本来唯一不可分なものを、いろいろの見地に立って眺めるところに分析的認識というものが成立するのです。このように考えてまいりますと分析という認識方法にはそれを眺める人の立っている場所、すなわち、立場というものが必要であることを、はっきり認めなければならないのです。ということは、また、分析的方法というのは、ものそのものをとらえる方法ではなく、ある立場から見た一つの射影であるということなのです。一つのリンゴを「色」というスクリーンに映すと「赤い」となり、「形」というスクリーンに映すと「丸い」となり、「味」という幕に映すと「甘ずっぱい」となります。しかし、ほんとうのリンゴは、単に赤くて丸くて甘ずっぱいだけではなく、そのほかにも無数の性質をもった果物です。けれども私達がそのリンゴになってみることは出来ませんので、それを外からいろいろと概念づけるのです。このように考えますと、フランスの批評家イポリット・テーヌが「分析するとは翻訳することである」と言っているのは実に適切な言葉であると申さねばなりません。

しかし、翻訳はどんなに正確でも、また、どんなにいろいろの翻訳を集めても、原文をほんとうには知らせません。『源氏物語』を原文で読むかわりに現代語訳で読んで、さらに英訳やドイツ語訳や、フランス語訳を参照しても、『源氏物語』のほんとうの味はつかめません。要するに、分析的認識は象徴的、あるいは、記号的認識以上に出ることは出来ないのです。テーヌも、「分析することは翻訳することである」と言ったあとで、「翻訳するとはもともと一つであるものの中から、はっきり目立つ事実だけを、記号の下に知ることである」と言っております。

この、分析とは記号的認識であるということは、次のように考えると一層明らかとなります。

今まで、私は分析には立場が必要であると述べてきたのですが、ある立場から一つの対象を知るためには、その対象を表現するための尺度、あるいは、記号が必要なのです。例えば、この机を知ろうとする場合、もしそれを大きさの立場から知るにはメーターとかセンチメーターとかいう尺度が必要であり、重さの立場から知るには、グラムとか匁（もんめ）とかいう尺度が要ります。それは、ちょうど、一つの図形をグラフで理解しようとする時、まずX軸とY軸の交点Oが定められねばならぬとともに、そのグラフの目盛りがきまらなければ、その図形を正確に表現することが出来ないのと同様です。こうして、分析的理解とは、記号による認識であることはもうこれ以上説明する必要はないと思います。

ところで、この記号は、それがまさに記号であることによって、本来はどのような記号でもいいはずです。しかし、分析という方法は、分割によって、与えられている事実を理解しようとするものですから、野菜や漬物をきざむようにただやたらに切りきざむことであってはいけないので、それぞれの対象に応ずる分析が行われなければならないのです。ですから、分析的方法の確立者とも言えるデカルトは「研究しようとする問題のおのおのを出来る限りの、そうして、それを最もよく解決するために要求される限りの部分に分けること」と言っております。そうして、それこそ、対象、あるいは問題の要素と言われるものなのです。その意味で、分析とは要素への還元であるとも言われるのです。しかし、また、その要素は実際の要素ではなく、その対象または問題を最もよく理解するための暫定的部分であり——というのは、先ほど、鼠と家の喩えを申しましたが、もしペスト菌そのものをとらえることが出来れば、鼠一匹を殺すことも必要ではないのです。——しかもその暫定的部分もそれ自体としてとらえられるのではなく、何らかの記号徴表によって示されるものであることを見逃してはならないのです。例えば水は水素と酸素からなるという場合、水はたしかに水素とか酸素とか私達が名づけるものから成り立っているのでありますが、私達はそのもの自体を知るのではなく、水素とか酸素とか名づけることによって、それを理解するのです。もちろん、それは水素とか酸素とかいう言葉で示されるとは限らず、イギリスの化学者ジョン・ドルトンが行ったように、すべての原子を白い丸とか黒い丸とか、中に線を引いた丸とか中心に黒点を書き入れた丸とかいった図形的記号で示すことも出来ますし、さらにOとかCとかNとかHとかいういわゆる化学記号を用いることも出来ます。そうして、科学の記号としては、一切が、数学的記号で示されるのが理想でありましょう。

が、ともかくいわゆる物質の要素も、分析的認識としては記号的認識以上には出ないのです。もっとも、ここにはさらに次のような疑問が起るかも知れません。それは、水素、酸素などの原子ではまだ最後の要素ではないとしても、その原子を原子核と電子に分け、さらに核を陽子とか中性子とか中間子とかに分けてゆけば最後には真の物質的要素に到達するのではないかという疑問です。しかし、物質の成分をどんなに小さく分割していっても問題は少しも変りません。というのは、認識の対象が外にある限り、言い換えれば、外からものを眺める限り、やはりそれをとらえるためには、立場と記号が必要であるということには変りはないからです。むしろ、今述べたような極微の世界では、それを知るのはもはや、日常的な感覚や知性では不十分で、数学的表現のみがそれを正確に表しうるのであることを思う時、分析的認識は記号的認識であるということは、一層明らかとなるのです。

分析という方法が適用出来ないもの

以上、お話ししましたことによって、分析するとは対象を記号としての要素に分けることであることは明らかになったと思いますが、そこで注意しなければなりませんことは、その分析の要素とは、単にその対象だけにあるものではなく、他の多くのものにある一般的要素であるということです。例えば、水素や酸素は水にだけ含まれているものではなく、アルコールにも、空気の中にもあるのです。と、いうことは、つまり、分析するとは、特殊なものを一般的なもので理解するということなのです。そうして、それは、逆に言えば、もしユニークなもの、唯一独自なものがあるとすれば、そのようなものは、分析出来ないということなのです。――このことは、動きと分析についても言えることで、刻々に変化するものは分析出来ないものなのです。なぜかと言いますと、分析するとは要素つまり、単位に分けることでありますが、単位とは、それが不変なもの変らないものであればこそ単位と言えるのですが、対象が刻々に変っているとすれば、それらすべてに共通な単位というものは有りえないのです。もし、一刻の休みもなく変っているものを何らかの記号で示そうとするなら、逆にその記号が次々に変らなければならない。それは単位が変るということである。しかし、それでは、それはもはや単位ではありません。

このように考えてきますと、分析という認識方法は、すべての対象に適用出来るものではないことが明らかとなります。全く個性的な、絶対に他のものによって置き換えられない唯一独自な、オリジナルなものと、刻々に新たになるもの、すなわち正しい意味の「時間」の認識には、分析的方法は適用出来ないのです。私達は、この前の講義で、直観という方法はすべての対象に適用出来るものではなく、ただ、生命の内観としてのみ、それは成立するものであることを知ったのですが、今度はちょうどその反対のことを、分析について主張しなければなりません。つまり、分析は生命と時間の正しい理解には用いることが出来ないもので、ただ物質と空間に対してのみ、その偉力を発揮しうるものなのです。このことをよく理解していただきたいと思います。

ところが、実は、話はここで終るのではありません。分析という認識方法は、一般的共通的なものと、無時間的、静止的なものに適用されるのがその目的ではなく、「特殊なもの」と「変化するもの」をも一般性と空間性の立場から理解しようとするところにこそ、分析的方法の本来の使命があるのです。もちろん、これは厳密には出来ないことです。本来、内的自覚的にしかとらえられないものを、外から記号で知ろうとしても、それは無理な注文です。分析的方法というものは、ものの外に立って、次から次へと立場を変え、尺度を変更しながらものの周囲を廻り続けるものです。そうしてそのようにものの周囲を廻りながら、永久に充たされない気持に悩まされるよう運命づけられているのが分析というものです。しかし記号による認識と、専門化的研究は、それ自身、別の使命をもっております。科学には、科学独自の存在理由があります。哲学者には哲学者の仕事がありますが、科学者には、また、科学者だけが遂行しうる尊い役割があるはずです。私達は進んで、その点の考察に移らねばならないのでありますが、その前に科学のもう一つの方法である実験ということについて、この次は考えてみたいと思います。

二　実験とは（その一）

真の科学者であるために

この前には科学の方法である分析とは、どういうものであるかについてお話しいたしました。今日は科学のもう一つの方法である実験について考えてみようと思います。実験は物理学や化学、また生理学や生物学などで常に行われているもので、その簡単なものは中学校小学校でも先生が行って見せておられますし、生徒自身も行っているのですから、それについて今さら私がとやかく言う必要はないと思われる方もあるかも知れません。ことに、個々の場合の実験の方法を教えるのならともかく、実験ということについて「考える」などということは、それこそ実験というものの本質を忘れていることであると反対されるかもわかりません。しかし、それは話が逆なのでありまして、一つ一つの実際の実験に当ってはそれこそそれぞれに応ずる実験方法や技術が教えられたり、工夫されたりしなければなりませんが、実験という認識方法となると、それは科学に特有のものでありますから、そこに認識論の立場から、この問題を取り上げる必要が起ってくるのであります。しかもそれは哲学者にとって問題であるだけではなく、科学者にとっても「実験とは何か」ということを、ほんとうに知っておくことは必要なことなのです。

と申しますのは、一般にあることが出来るということと、そのことがいかなるものであるかということを知っていることとは全く別なことで――例えば、ただ「ものが言える」「話が出来る」ということと、ものを言うとはどういうことかということを知っているのでは非常な違いです。なぜなら、子供達のようにただ心に浮ぶことを取りとめもなくおしゃべりするのと、会話とはどういうものか、言語表現とは何かということを知った上で話すのとは、その言い廻しや、話の内容にもいろいろ違いが生じてくるもので、そこからして美しい言葉や、無駄のない表現や、聞き手を自分の気持に引き入れる巧みな話術も生れてき、それはその話し手の知性や人柄を示すだけではなく、大きく言えばそれを通して一国の文明が高められることとなるのです。日本語をよくすることは日本文化を高めることです。

このように考えますと、「実験とは何か」ということをはっきりさせることは、哲学者にとってよりも科学者自身にとって一層重要なことであると申さねばなりません。もちろん、科学者になるためには専門的な実験技術を覚えることは絶対に必要なことです。しかし、単に一々の場合の技術を知っているだけでは技術家であって真の科学者とは申せません。科学者というものは、何らかの意味で、存在の認識に携わるものでなければなりませんし、それもただ他人の学説を受け入れるだけではなく、自ら理論を作る人でなければなりません。また、学生や、どこかの研究室の研究員として実験を教わる間は、むずかしい実験理論は無用であるかも知れませんが、独立した科学者として、自ら科学理論の建設に当ろうとするならば、実際的な実験の仕方よりも、実験というものの本質を自覚していることこそ大切な、必要なことなのです。

ベルナールが示した「実験」の精神

では、実験とは何か。

この問題については、私が私の貧しい見解をお話しするよりも、自ら第一流の科学者であり、実験医学のあり方を確立して、医学を今日の隆盛に導くのに非常な貢献をしたクロード・ベルナールの考えをお話しする方がいいと思います。それからこのような問題は、理論を述べるだけでは話がわかりにくく、また、抽象論に陥るおそれが多分にありますから、まず、実例によって、実験はどのように行われているかを眺めることにします。そうしてその実例を私は、クロード・ベルナール自身の一酸化炭素中毒の実験から取ろうと思います。実は、この実験のことは私の以前の書物の中でも述べたことがありますので、それを再び引用することは気がひけますが、実験の例としてはこれは実に適例であると思いますので、もう一度それについて語らせていただきます。

一酸化炭素中毒とは、御承知のとおり、例えば閉め切った室で炭火をやたらに起した時に頭痛や意識不明を起すもので、ひどい時には死をもたらすほど怖しいものですが、この現象は炭火の燃焼の時に発生する一酸化炭素によるものであることは、クロード・ベルナールもよく知っておりました。しかし、それが身体にどんな変化を起すものであるかは不明であったのですが、彼は一八四六年にこの中毒を犬に起させて、その犬が死ぬとすぐ解剖して、器官や体液の状態を詳細に調べた結果、その動物では血液が全部――すなわち動脈でも静脈でも、また、心臓のどの部分でも、真赤（まっか）であることを発見したのです。しかし彼は、それを犬で調べただけでは満足せず、兎でも鳥類でも蛙でも調べましたが、結果はすべて同じでありました。こうして彼は一酸化炭素中毒の場合は全身の血が真赤であることを確認したのです。

それから十年が経過し、一八五六年、彼はコレージュ・ド・フランスという学校で「毒物と薬物」の講義をしたのですが、その際、彼はこの問題を再び取り上げたのです。この事について、ひとは、この間に十年も経っていることを不満足に思うかも知れませんが、私達はそれをクロード・ベルナールを非難するよりも、彼以外の人は折角彼からその事実を示されながら、それ以上先へ進もうとしなかったのに対して、彼はその問題をさらに取り上げ、この事実に対して一層深い思索を行ったところに、科学者としての彼のえらさを認めねばならぬと思います。ともかく彼は上に述べた事実は「なぜか」と、自ら問いました。そうして彼はこう考えました。すなわち、静脈の血が動脈の血と同じように赤いのは、それが動脈の血と同じ成分のものであるということである。ところで、動脈の血が赤いのは、酸素を多く含んでいるためであるとすれば、一酸化炭素の中毒で死んだ生物では、静脈にも酸素がそのまま残っているからで、それは恐らく、毛細管の中で酸素が炭酸ガスといれかわるのが妨げられているからであろう、と彼は考えたのです。もしこの想定が正しいとすれば、一酸化炭素中毒の生物の静脈には動脈におけると同様に酸素が含まれているはずです。そこで彼は一つの実験を工夫して、それを実証しようとしました。すなわち問題の動物の静脈血を採り、それに水素を通してみたのです。それによって彼はその水素と静脈中にあると考えられている酸素を結合させようとしたのです。しかし彼は失敗しました。つまり、問題の静脈血には酸素は無かったのです。

そこで彼は、ふと思いついて、その動物の動脈血に対しても同じことを試みましたところ、意外にもその動脈血にも酸素はなかったのです。こうなると、一酸化炭素中毒は彼が考えたようなことで起っているのではないことは明らかです。これでは改めて考えなおす他はありません。いったい動脈血の中の酸素はどこへいったのか。彼はそのことを、あれかこれかといろいろ考えたのです。そして最後に彼が思いついたのは、一酸化炭素が酸素と置き換って血液の中から酸素を追い出したのではないかということです。しかし、このことも事実で証明しなければ確かには言えないことです。では、それをどうして実証するか。そこで今度は置換された酸素を再び見出す実験が必要となります。そのために、彼は今度は健康な動物の動脈血を一定量とって、それを試験管に入れ、それに一酸化炭素を加えて、外気との接触を絶って、その全体を振りました。それから一定時間たってから試験管内の空気を調べましたところこの空気は著しく酸素に富み、同時に一酸化炭素の割合が減っていることを確かめたのです。これによって、一酸化炭素は血液中の物質（それは後にヘモグロビンであることが明らかとなったのですが）と結合することによって組織へは酸素を送らないことが実験的に証明され、それによって一酸化炭素中毒はどうして起るものであるかということも明らかとなったのであります。

これが、ベルナール自身の語っている一酸化炭素中毒の実験と理論形成のいきさつです。

観察・構想・実験・学説

この実験の事実を見て、私達がまず気づくことは、ここには四つの段階があるということです。その第一は、まず、事実が正確に観察されるということです。今、挙げた例で言えば、この中毒で死んだ生物の血は真赤であるということです。クロード・ベルナールはこのことを多くの生物によって確かめました。それは見るための実験と言うことも出来ます。要するに、それは事実の正確な観察です。次に彼が行ったことは、その事実はどうして起ったかということをいろいろと考えたということです。すなわち彼はここで、その事実を説明する理論を構想したのです。それを彼は始めは毛細管から酸素が体の組織にゆかないために静脈血にも酸素がそのまま残っているからだと考えました。しかし、この考えは、それだけでは単なる憶測ですから、それを事実によって確かめようとしたのです。それが、中毒を起した生物の静脈血に水素を通ずるという実験でありました。ところが、その実験は失敗しました。ということは、彼の構想が間違っていたということです。そこで、彼は改めて考えなおしました。すなわち今度は動脈に酸素がないという事実の上に、「一酸化炭素と酸素とが置き換ったのではないか」という別のアイディアをもって、それを実証するために第二の実験を行ったのです。そうして、その構想は、今度は間違っていなかったことが、事実によって証明せられたのです。このようにして、最後に「一酸化炭素は血液内の或る物質と結合することによって酸素を血液から追い出し、従って組織に酸素は送られず、そのためその生物は死ぬ」という学説が生れたのです。こうして、観察、構想、実験、学説という四つの段階を経て、この実験は完成しております。

ここで何よりもまず注目しなければなりませんことは、実験とは、事実を調べることではなく、科学者の構想あるいはアイディアを事実によって確かめることであるという点です。普通は実験というと何か特別な装置を発明したり、いろいろな機械を使ったりして事実を正確に確かめることであると思われております。そこからして、実験するにはいろいろな技術も覚えなければならないし、様々な特別な材料も集めねばならぬと考えられてきます。そうしてそのように考えることから、実験とは自然をある特殊な状態におくことであるとか、条件を一定にしてただ一つの事実だけを純粋に取り出すことであるなどとも言われるのです。しかし、それらはすべて、実験のための手段にすぎません。実験というもののほんとうの意味は、科学者が頭で考えた思想が正しいかどうかを調べるというところにあるのです。

もちろん、科学者の構想は、事実を説明するためのアイディアでありますから、まず事実がなければなりませんし、そのためには、事実そのものが確実にとらえられることが必要です。そのために、クロード・ベルナールも動物に一酸化炭素を吸わせて、その時、生物に現れる事実、すなわち全身の血液が真赤であるということを、多くの生物によって確かめました。しかしそれは要するに事実の観察であるにすぎません。どんなに事実を正確に知ってもそれだけでは学問とはなりません。もっとも、例えば植物学における分類学のような記述科学ではただ事実を知ればいいとも申せましょう。しかし、単に事実がこうだというだけでは、学問と言えないので、その事実を理論によって説明することによって、あるいは、その事実を説明しうる理論を立てることによって、始めて学問となるのです。今、私は記述科学には事実さえあればいいと申しましたが、実は、記述科学でもその事実が何らかの形で理性によって統一されなければ科学とは言えません。

ともかく、実験というものは、上に述べた四つの段階を経て完成するものです。その一つ一つについてはこの次の講義で詳しく検討するつもりですが、今日特に皆様の注意をうながしたいのは「観察は事実を確かめるものであるのに対して、実験は思想を調べるものである」ということです。このことは、実は、科学の本質に関連することで、実証科学では、ともすれば、それの経験性、あるいは、事実性のみが強調せられがちなものですが、科学を学たらしめるものはどこまでも科学者の作り出す理論にあることを、はっきりと心にとめていただきたいのです。思索をもたぬ科学者は、技術家むしろ技術屋であって真の科学者ではありません。

「学説の衣」をいつ脱ぎ、いつ着るか

しかし、こう言うことは、もちろん、科学が思索だけで成立するということではないのです。私はただ今、科学における科学者の思索の重要さを強く主張してはおりますが、科学の特色はどこまでも、実験という手段をもっている点にあることを、無視したり、軽視したりしているのではありません。哲学に対する科学の強みは構想が事実によって保証される点にあることは多言を要さないことです。だから、科学者は自分のアイディアが正しいかどうかを調べるために、実験にとりかかるのです。そしてその時には自分の構想も捨てていなければなりません。「実験室にはいるや否や、学説の衣を脱がねばならない」とクロード・ベルナールも言っております。実験をする人は、ともすれば、自分の思想や思いつきを無理にでも他人に示すために、――そうしてさらにひどいのはただ論文を書くために――自分に都合のいい事実だけを取り上げやすいものですが、これほど非科学的なことはありません。そんなごまかしをしても、事実がその理論を抹殺

することは明白なことです。宗教家が神に帰依するように、科学者はただ事実を尊び、事実に帰依すべきでありましょう。クロード・ベルナールの先生であるマジャンディは学生に実験をして見せていてその実験が失敗すると大声を上げて笑ったそうです。これはほんとうの科学者でないと出来ないことです。この意味において、科学者は実験室にはいるや否や、再び純粋な観察者とならねばならないのです。

しかし、先ほどより申しておりますとおり、その観察の上に理論が立てられねばならないのでありまして、この点、クロード・ベルナールが「実験室にはいるや否や、学説の衣を脱げ」と言ったあとで、「しかし実験室を出る時には学説の衣を着ていなければならない」と付け加えていることは一層、重要なことです。「実験室を出る時には学説の衣を着ていなければならない」。これは科学者が嚙みしめて味わわねばならない言葉です。実験室でまとう汚れた仕事着が、科学者の身体的苦労のシンボルであるとしますなら、自ら作ったアイディアを心に秘めて研究室を出る時のすっきりした科学者の風姿は、それこそ精神の世界に生きる人間の心の喜びを表明するものでなければなりません。実験技術にのみ心をうばわれ理論の建設を忘れる者は、美しい花だけ咲かせて実のならない山吹のようなものです。しかし、そうは言っても私は、決して実験そのものの尊さや難しさを忘れているのではありません。科学は身体的労働と豊かな物質的条件の上にのみ成立するものであることは、哲学と科学の違いについてお話しした第三回のこの講義で詳しく説いたところです。ただ科学の最後のキーポイントは科学者のアイディアであることを私は、今日は、繰り返して強調したいのです。

事実によって理論を証明する

話をここでとめては、実験はただ第二段を登っただけでありますし、科学についてもその半ばを語ったにすぎません。哲学に対する科学の特色は、理論が事実によって保証されているということです。ここで私は「帰納法と実験との関係」について一言申し述べたいと思います。帰納とは多くの事実をよりどころとして、それらの事実を統一的に説明する理論を立てることです。そうして演繹とは何かの根本原理から個々の事実の説明を導くものであるのに対して、帰納法はどこまでも事実の上に理論が建設されるところに、その強みがあります。

しかしながら、実は、どんなに多くの事実を集めても、そこから理論へは一つの飛躍があります。それはどんなにすじの通った考えであるように見えても、実際は間違っているかも知れません。私達はその実例を先刻述べたクロード・ベルナールの第一の構想において知っております。科学にとってはほんとうに大切なことは、「事実から理論へ」ではなく、「事実による理論の証明」ということです。このように考えますと、普通、フランシス・ベーコンから近世の科学は始まると考えられているのは間違いで、真の科学はガリレイや、その弟子トリチェリから始まったと言わねばならないのです。その意味はもちろん、これらの人々から実験が認識手段として採用せられたということです。それではその場合の実験とは何か。それは、科学者の考えが正しいかどうかを、自然そのものによって答えさせるということです。この意味から言えば、実験には必ずしも、科学者が何か不自然な状態を作り出す必要はないのでありまして、もしも自然そのものが実験を行っているなら、そのままそれを受け入れてもいいのです。例えば、心理学においては、必ずしも不自然な破壊実験を行わなくとも、臨床的な病態心理はそのまま実験として役立てるのです。しかしながら、実際には、何時もこのような実験を自然が行っているとは限りません。ここに狭い意味の実験が必要となるのです。

狭い意味の実験とは、人間が自然に働きかけることです。そうしてその働きかけるものは手です。ということは、「科学者には頭と手の両方が必要である」ということです。――「真の科学者は理論家であると同時に実践家でなければならぬ」ということです。もちろん、ここに言う手とは、単なる肉体的な手だけではなく、手の延長としてのすべての道具を意味します。また、実践とはただ身体を動かすことではなく、精密な機械、巨大な装置を運用することです。そうしてそれはさらに社会の経済組織とも不可分です。このことは非常に重要なことですが、それについては以前の講義で述べましたので、今日は繰り返しません。今日は、むしろ、機械だけ立派でもそれだけでは秀れた研究が生れるものではないことを強調したいのです。ほんとうに天才的な仕事は、何か特別な機械装置と多額の費用がなければ生れないとは限りません。

この十数年来、医学の世界ではカナダの生理学者ハンス・セリエの「適応症候群」と「ストレス」という思想が大きな問題となっており、それはたしかに、革命的な意味をもつものと考えていいと思いますが、そのセリエはその著書の中でこう言っております。すなわち「今日本当に興味ある発見をするためには多額の金と、あらゆる種類の複雑な、費用のかかる機械類とさらに出来れば高度の訓練をうけた多勢の助手を自由にしうることが、絶対に必要であると、私の学生達は、しばしば私に語った」と彼は述べて、しかし「私にはただ鼠を開くための一丁の鋏(はさみ)だけが唯一の必要な道具であった」と言っておるのです。このことはソヴェトの生理学者パヴロフの場合でも言えることです。今日のソヴェトの医学は独自の立場に立って、特色ある医学と医療を展開しておりますが、その医学を生んだパヴロフもその条件反射説を打ち立てるためには、犬とメスとわずかな装置だけで十分でありました。

もちろん、生物学の場合と物理学の場合を同一に考えることは出来ません。しかし、これらの事実のうちには深く味わってみるべきことが含まれているのではないでしょうか。

三　実験とは（その二）

この前には実験についてお話しいたしました。今日ももう一時間実験について考えてみたいと思いますがその前に何時ものとおり、前の講義の要点を申しますと、まず、実験というものは四つの段階を踏んで完成するということです。すなわち、観察、構想、実験、学説がその四段階で、まず、観察によって事実を確かめ、次にその事実はどうして起るかということを考える。そこに科学者の構想、あるいは、アイディアが生れます。しかし、それは頭で考えられたものですから実際は間違っているかも知れません。そこで、それを確かめるために実験が行われるのです。そうして、もし、その構想がその実験によって保証されるなら、その考えは学説となって一般的理論となりますし、もし、実験の結果が科学者の予想を裏ぎるならば、その構想そのものをすてて改めて考えなおし、そのアイディアを再び実験に移して実験という関所を通過したもののみが客観性をもって科学理論を形成してゆくのです。これが、実験の四段階なのですが、この時、特に強調いたしたいことは、実験とは事実を知ることではなく、科学者の構想を検討するものであるということです。それは言い換えれば、科学者にはどこまでも思索というものが必要で、思索のない科学者は真の科学者ではなく、技術家にすぎないということです。

しかしながら、また、そうは申しましても実験は単なる思索ではなく、身体的物質的操作であって、ここに自然自身による解答という実験独自の認識が生ずるのです。この点から言えば、科学者は頭と手、精神と身体の両方を働かせる人でなければならないのです。このような理論と実践の協力によって生れるのが科学理論でありまして、そのような理論であればこそ、その理論はまた、私達の「生活」に生きる理論となるのです。

経験を理性によって吟味する

この前にお話しいたしたことの要点は以上のとおりでありますが、「科学理論とは何か」「科学的認識はどうして形成されるか」「そのためには科学者はどう観察、実験し、いかに思索すべきか」ということは、実際問題として科学者にとって非常に大切なことでありますので、今日はそれらの点をさらに詳しく考えてみたいのです。そうして、そのためには、観察、構想、実験、学説を一つ一つ取り上げて検討しなければなりませんが、その前にこの四つのものは二つのグループに分けられるものであるということから話を始めたいと思います。と申しますのはこの四段階はただ、一段一段と登るのではなく、観察と構想は一つのグループとして実験の「準備段階」であり、実験と学説はまた一つのグループとなってそこで実験は完成し、科学理論が形成されるのですから、これら四段階は、大きく二つの段階に分けることが出来るからです。

しかしながら、この二つのグループとは別に、私達はもう一つ別のグループを作ることが出来ます。それは、観察と実験という一組と、構想と学説という他の一組です。と言いますのは、観察と実験はいずれも感覚による認識であり、構想と学説は理性による統一であるからです。それは言い換えれば一方は身体的で、他方は精神的であるとも言えますし、また、一方は自然に関するもの、他方は人間に関するものとも申せます。そうしてそれはさらに、観察と実験は、人間が自己を消して全く受動的に、受身に、自然を受け入れるものであるのに対して、構想と学説は、その逆に人間が能動的に、自然を自分の知性の支配下に置くものであるとも言えます。それは要するに、一方は経験主義の立場における認識で、他方は合理主義の立場です。しかし、実験について私がこのように図式的な分類をしましたのは決して概念の遊戯を楽しむためではなく、ここにこそ実験的認識の根本的な特色が示されていると考えるからなのです。と申しますのは経験科学あるいは実証科学というものは、ともすると、経験だけを重んずる経験主義であると考えられやすいのですが、上に述べたことから明らかであるように実証主義は決して経験主義ではないのです。実験を実際に行う場合には、すなわち実験室にある限りの科学者は、ひたすら事実に帰依しなければならないと、私は前の講義でも申しましたが、しかしほんとうの事実は決して感覚あるいは感性だけではつかめないのです。

　科学者が第一の依りどころとするのはたしかに事実です。しかし私達が普通事実と思っていることが、実は事実でないことが非常に多いのです。クロード・ベルナールはある時、腸の分泌に対するエーテルの作用について実験を行いましたが、彼はそのために絶食中の犬の腸にエーテルを注射したところ、白い乳糜（にゅうび）が生ずるのを発見しました。この乳糜は脂肪の多い食物を食べた時に生ずるリンパ液です。しかし今の場合、脂肪は与えておりません。彼は不思議に思って、さらに五、六日も絶食させた犬で実験してみましたが、結果は同じでありました。とすれば、結局「エーテルは乳糜を分泌させる」ということを事実として認めねばならないのか。しかし、腸の中にはなかったのですから、これは不合理です。そこで彼はいろいろと苦心して調べた結果、その理由を発見しました。実はそのとき使った注射器に塗ってあった油をエーテルが溶かしていたのです。注射器のかわりにガラスのピペットでエーテルを注射してみましたところもう乳糜は生じませんでした。この一例でもわかりますように、すべての現象を簡単に「事実だ」と言うことは科学者には許されないのです。理性の承認を得たもののみが真の事実なのです。結局、実証主義とは経験主義と合理主義の両方を内に含むものなのです。実証性とは「経験性」と「合理性」の二つの翼をもつものであることを、ここではっきり認めたいと思います。

以上が実験的研究の根本的性格なのですが、それはどのようにして形成されてゆくかということを、これから、最初に述べた四つの段階の一つ一つについて調べてゆきたいと思います。

感覚によって観察し、理性によって構想する

まず観察でありますが、観察とは自然の現象をそのままに受け入れることです。自然科学は自然の声に耳を傾けることから出発いたします。ガリレイも「自然に聞かぬ科学者は子供である」と言っております。しかし、これはただ受け入れるだけでありますからこれほどやさしいことはないように見えます。しかし、実はそれは非常にむずかしいことなのです。と申しますのは、私達はすでにいろいろな知識をもっておりますために、それに禍(わざわい)されて、ものごとをありのままに

受け入れるということが非常に困難となっているのです。新しい現象を見ても、それの新しさを感じとることが出来ないのです。しかし、立派な観察者になるためには、そのような出来上った、こわばった知識を捨てて、子供のように柔軟な感受性に帰らねばなりません。この前ハンス・セリエのことを申しましたが、彼もその「適応症候群」の発見について、それは「何ら複雑な器械類の進歩や、新しい観察技術や、また、すぐれた才能や知識によるものではなく、単に偏らない精神状態と新鮮な観点に基づいている」と言って、「新鮮な心」こそ精密な機械にもまさる観察者であることを強く説いております。つまり、どんなものでも敏感に受けとるデリケートな感覚なくしては、新しい理論も生れないのです。この点、科学者には芸術家と同じように繊細な感受性が要求されているのです。

ただ、ここで注意しなければなりませんことは、――これは非常に重要なことなのです――感覚は受け入れるものであるからと言って、ただ外からはいってくるのを待っていても新しいものは見つかるものではなく、積極的能動的に外界にこちらから迫ってゆくことによってのみ、新しいものは、新しいものとして見出されるということです。私達の周囲には、新しいもの、珍しいものは無数にあるはずです。それを私達は古びた眼鏡で見ているのです。そこでそのような眼鏡を棄てて、直接に対象を見つめる時、そこに今まで気づかなかった新しいものが浮び出てくるのです。芸術家が新しい美を発見するのもこのようにしてでしょう。感受性とはたしかに受け取るものではありますが、受け取るためにはまずこちらから手を差し出さねばならないのです。アクティヴィティ（能動性）のないところには真の観察もないのです。

このアクティヴィティということは、実験の第二の段階である構想の場合に、一層重要となります。観察の能力は感性であったのに対して構想の能力は理性でありますが、いったい理性とは何なのか。

理性というものはいろいろに理解出来ますが、そのうち一番大切なことは、理性はものを統一するものであるということです。それはちょうどオーケストラにおける指揮者のようなもので、種々様々な音色やリズムがコンダクターの指揮棒で統一されて美しいハーモニーが生れるように、感性的に与えられる雑多なものを統一するのが理性です。

しかし、この統一性ということとともに、今一つ重要な理性の性格は、能動的であるということです。すなわち感性は外界を受け入れるのに対して、理性は自然に対してはたらきかけ、それを自分の支配下におくものです。しかも理性は外界に働きかけるだけではなく、外界を離れても自分で働き出し、いろいろの思想を生み出すものなのです。むしろ、理性の本来の使命は、外界とは関係なく、自分で自分の世界を生み出すことで、外界はただその渦巻の中へ巻き込まれるのです。理性が統一的であるというのもそこから生ずることなのです。構想とはこのことです。

しかしながら、このことは純粋精神の世界でゆるされることで、それこそ精神というものでありますが、自然界に対してはそれは実に危険なことです。なぜなら、それでは人間が勝手に自然を自分の型に入れることとなり、それはちょうど美しい風景を灰色の眼鏡で眺めるように、あるいは自然に生えた木を切り取って、やたらにデコレーションをつけられたクリスマス樹のように、自然そのものにとってはこの上もなく迷惑なことであるからです。ここに、実験の第一段階である観察から、第二段階の構想を経て、再び自然に還るための第三段階、すなわち実験が必要となる所以（ゆえん）があるのです。

科学者は「夢を見ることを習おう」

そこで私達は話を実験に移すことも出来るのですが、私はもうしばらく第二段階に留（とどま）ってじっくり考えてみようと思います。と申しますのは、実験は要するに構想の実験で、構想こそ実験的認識の核心でありますし、それに、学説の成否も価値もすべてこの構想の如何にかかっているからです。問題は、どうして構想を纏（まと）めるか、アイディアはどうすれば得られるか、という点です。

そこで第一に気づきますことは、経験科学における構想は、純粋な精神の領域におけるのとは違って、観察によって与えられる事実の上に築き上げられねばならないということです。しかし、それは誰でも考えているところで、私がことさら言うまでもないことです。それよりも、私達にとって重要なことはその事実に反しない限り、どんな構想を描くことも許されているということです。科学者も思索する限りは、全く自由に、奔放に考えていいということです。過去の学説などにこだわっていては素晴しいアイディアは生れません。実験の第二段階、すなわち構想の段階にいる限り、科学者には、思うままに思いを巡らすことが許されているのです。ここでは、科学者にも豊かなイマジネーションが必要です。

一例を挙げてみましょう。化学では、例の亀の甲、すなわちベンゼン核の発見はその後の化学の進歩に非常な貢献をしておりますが、あれを最初に言い出したドイツの化学者ケクレは、原子の配列をどう考えたらいいかに苦しんでいた時、仕事の途中で仮睡（うたたね）をしましたところ、原子が目の前を飛び跳ねたり、あるいは長い列を作って捩（ねじ）れ合ったり、蛇のような運動をしましたが、そのうち一匹の蛇が自分の尾をくわえて、ケクレを嘲笑するかのように、彼の目の前でぐるぐる廻ったのだそうです。その時、彼は稲妻のようにその形に打たれて目を醒まし、それから夜通しかかってあのベンゼンの構造式のアイディアを得たのです。このように科学者には、芸術家のような空想や夢想が必要なのです。ただし、その夢は理性の篩（ふるい）にかけられねばなりません。ケクレ自身もこう言っております。すなわち、「諸君、夢を見ることを習おう。そうすれば、恐らく我々は真理を発見するであろう。――しかし、その夢を、目の醒めた理性で試さぬうちは、それを発表することはさし控えなければならない」。

「なぜか」を問い続けた北里柴三郎

ともかく、科学者には芸術家のような繊細な感受性と豊かな想像力が必要であるとともに、科学者は哲学者と同じように強靭な思考力をもたねばならないのです。その一例として北里柴三郎博士のことを思い出してみたいと思います。北里博士は喉がつまって死んでゆくあの怖しいジフテリヤの療法を発見して、人類をこの病気から守られた方であることは御承知のとおりですが、その療法発見の出発点は破傷風の研究でありました。破傷風の菌は博士がそれを問題とされる前にすでに発見されていたのですが、それがたしかに破傷風の病原菌であるかどうかは、その頃には不明だったのです。それを確かめるためには、この菌を純粋培養することが必要です。しかしそれがどうしても出来ないので、この菌は他の菌と共同生活しなければ生きられないのだと言う人さえありました。しかし、博士は、今まで純粋培養が出来ないのは方法が悪いからだと考えていろいろと努力されましたがやはり駄目で、それまでの研究者達の言うとおり雑菌が必ず混じりました。

けれども、博士はさらに、工夫に工夫を重ねられた結果、培養基の表面に菌を植えるという方法をやめ、ゼラチン培養基のはいっているガラス管の中に菌を植えられたところ、表面には他の雑菌が混じっているが奥の方には破傷風菌だけが居るのを発見されたのです。しかし博士はこの発見だけでは満足せず、それは「なぜか」と考えられ、それは破傷風菌は空気が嫌いなのだというとに思いつかれたのです。つまり細菌には空気の好きなものと嫌いなものの二種類あることがここに明らかとなりました。こうして破傷風菌の純粋培養の成功によって博士はその名を天下に上げられたのです。ところが博士は、さらに、破傷風菌は傷以外のところへは拡がらないという事実がわかるとともに、また「なぜその傷口の菌だけで、あんなに激しいひきつけを起すのか」という点に疑問をもたれ、それは菌そのものによるのではなく菌の体から毒でも出るのではないかと考えて北里式濾過器を発明して、それを実験的に証明されたのです。しかし、博士はなおそこにとどまっておられないで、それではこの病気はどうすれば治せるかという問題にはいられ、毒というものは少しずつ馴らしてゆくと、普通は死ぬほどの分量にも平気でおられるということに思い当って、動物実験を通してついに毒薬による破傷風の免疫法を発見されたのです。博士はこれでもなお満足せず、さらにその場合、毒が毒でないのは「なぜか」という点に思索を進められました。そうして破傷風毒で動物を免疫する場合、動物の体のどこに注射してもいいということは、毒が血液によって全身に廻りそれとともに毒を消す抗毒素も血液の中にあるのであろうと考えて、破傷風毒で免疫した動物の血清を破傷風毒と同時に注射されたところ、果して病気は起りませんでした。

こうして、免疫された動物の血清を用いることによって病気の予防や治療をするという、細菌学における空前の大発見が生れたのです。ジフテリヤの血清療法はこれに従ったものであることは申すまでもありませんが、それよりもいろいろな伝染病に適用出来る血清療法というものの原理的確立と、それによって人類が蒙った計り知れぬ恩恵によって、北里博士は日本が世界に誇る大科学者と申せるのであります。

それはともかく、博士の研究の発展をみる時、私達が驚きの眼をもって気づきますことは、博士の研究のいたるところに示されている「なぜか」という問です。普通の人なら事実の発見で満足するところを博士は何時も「それはなぜか」と問いかけ、それについて深く思索されたところに博士の次々の大発見は生れております。結局、単なる観察者と真の科学者を区別するものは、この「なぜか」という問であることを、深く心にとめていただきたいのです。ものを考えようとせぬ人は、科学者になる資格のない人なのです。

以上述べましたとおり、秀れたアイディアを得るためには豊かな想像力と強靭な思索力が必要です。しかし、どんなに考えても、またどんなに空想をほしいままにしても、それで必ず素晴しいアイディアが生れるとは限りません。何かアイディアそのものを得る秘訣はないものでしょうか。誰もが一番知りたいのはこの点なのですが、そんなものはありません。ただ見事なアイディアの花を咲かせるための畑はある。それはどんな些細なことも見逃さぬ注意深い観察と自由に独創的に考える精神です。ただ、天才的な発見の場合にはしばしば偶然ということがあります。

しかし、その偶然を把むか否かは、その人がその偶然を把む力があるか否かによってきまります。真剣に求め、自分の問題に苦しみ抜く人のみが、些細な事実の奥にも重大な意味を汲みとるのです。光線療法でノーベル賞を得たデンマークのニールス・フィンセンは、病気の猫が日の当るところから日の当るところへと移動するのを見て、そのアイディアを得たということです。また、ノーベル自身、ダイナマイトを発明したのはニトログリセリンの入れてあった缶から液体が洩れて、それが砂に吸収されて固まったという偶然をうまく把んだためです。もっともダイナマイトの発見が人間を幸福に導いたかどうか問題ですが、これこそ人類の大恩人であるパストゥールが鶏のコレラの予防法を発見したのも、古くなった培養基の菌を鶏に注射したのがその動機でありました。結局、パストゥール自身の言うように、「よく準備した者のみが偶然を利用しうるのです」。

構想についてお話ししすぎたため、実験と学説については述べることが出来なくなってしまいました。しかし、実験については、この前に大分お話ししましたから、あれ以上申し上げなくともいいでしょう。ただ、一言付け加えるなら、実験に機械や設備の大切なことは申すまでもありませんが、それにしても重要なことは「実験に親しむ」ということです。

科学は仮説にすぎないのか

以上のような過程を経て科学の学説は生れます。しかし、それは、要するに、与えられた事実を説明する仮説にすぎません。例えば、光には直進とか反射とかいう現象がありますが、この事実に関する限り、光は粒子と考えられます。しかし光には干渉とか回折とかいうこともあります。そうなると「光は波」ということになります。そうしてさらにそれら二種類の現象を統一的に理解しようとするとスカラー的波動力学が必要となります。しかし、これではまだ光の偏りとか複屈折という事実は説明出来ません。そこでさらにヴェクトル的波動力学をもってこなければならなくなるのです。しかし、この立場では光電効果とかコンプトン効果などを説明することは出来ません。

このように考えてまいりますと結局、科学説はますます拡がってはゆくが、要するに、与えられた事実を説明する限りの暫定的仮説にすぎないということになるのです。しかし真理とはそのようなものであっていいのか。このことを明らかにするために次には「実証的精神とは何か」ということを考えてみることにいたします。

四 実証的精神

今日は実証的精神とはどういうものかということについてお話しいたしますが、そのためには、私達のこの講義がどうしてこのような問題へ進んできたか、ということから話を始めるのがいいかと思います。前回とその前の講義は実験ということを問題にしたのですが、そこで明らかとなりましたことは、「実験」をその認識手段とする実証科学は、単なる経験主義の立場に立つものではなく、また頭だけで理論を考え出す合理主義でもなく、その両方を含むものであるということ、つまり、実証性とは経験性と合理性の二つを、車の両輪のようにもつもので、そのどちらを欠いても倒れてしまうということでありました。

ただ、実験は事実を知るためのものではなく、科学者が事実を説明するために自ら考え出した構想（アイディア）が正しいかどうかを検討するためのものであるということからして、その実験の保証を得て成立する学説も、結局は科学者の考え出した思想であるということになります。もちろん、それは思想と言っても、まず与えられた事実の上に築き上げられたもので、実験を通して事実による保証を得た理論でありますから、抽象的な学説ではなく科学者の独断的な思想でもありません。しかしそれにしても、それはただそれまでに知られた事実を、統一的、一般的に説明するだけでありますから、もし全く新しい事実が発見される場合にはその学説は棄てられて、新しい説がそれに代らねばなりません。また、実際それは科学の歴史では何時も起っていることで、そのことは、この前の講義の最後に述べた「光の理論」の発展を見ても明らかです。しかしこうなると、科学理論というものは結局、仮説ということになってしまうのでありますが、それでいいのか、実証科学はどこまでも事実を重んずるところにその特色があるはずであるのに、その理論が仮説であるというのはどうも腑に落ちないことでありますし、何となくもの足らない感じがする……というところで前は話を終えたのです。そこで、私達としましてはさらにこの問題を正面から取り上げ、単に「実験とは何か」ということではなく、いったい「実証科学とはどういうものか」を一層深く検討する必要に迫られますので、今日は、実証的精神とは何かということを一度根本的に考えてみようと思います。

コントの「実証主義」

では、今日の問題にはいります。「実証的」という言葉は少なくとも学問の世界では何時も使われている言葉です。ことさら学問の世界と言わなくとも多少とも理論的なことを語る場合には、始終使う言葉です。しかし、その「実証的」とはほんとうはどういう意味をもっているのか。この言葉も、他のすべての言葉と同様、時代により、またそれを使う人によってニュアンスの違いはありますが、今日私達が用いる意味は、オーギュスト・コントによって一番適確に規定されているのではないかと考えます。オーギュスト・コントと申しますのは、十八世紀の末に生れ、十九世紀の半ばすぎまで生きたフランスの哲学者でありまして、「実証主義」という哲学を提唱した人です。この人の名前は一般の方にはあまり知られていないかも知れませんし、日本では哲学者としてもそれほど高く評価されていないのではないかと思われますが、それは見方によっては私達があまりにコントの思想とともに生きているからだと考えられなくもありません。レヴィ・ブリュールという社会学者は、コントの哲学の中心をなしている実証的精神というものについて、こんなことを言っております。「実証的精神は我々の時代の思想一般にあまりにもはいりこんでいるためにかえってひとはそれを見逃しているのである。それは、ちょうど我々が呼吸する空気に気をとめないと同様である」。このように考えますと、コントの思想はもっと重んじていいものと思いますので今日はコントの哲学を中心にお話しすることにいたします。

そこで、まず、コントはどういう目的で哲学を始めたかということでありますが、それは一言で申しますと、社会の組織を再編成するということであります。と言いますのは、彼の生れたのはフランス大革命の直後で、社会は大混乱のうちにありました。旧い制度は徹底的に否定されてしまい、それでいて新しい社会組織はまだ生れていない。一方には「進歩」という思想がありながら、現実はまだ破壊のうちにある。しかも、一部の人は反動の動きをさえ示している。いったいどうしたら、平和な、そうして建設的な社会をつくることが出来るのか。これがコントの問題です。それに対してコントはこう考えました。すなわち、社会はどうしても再組織されなければならない。しかしそれは暴力的な実践によるべきではない。では、どうすればいいのか。それにはまず精神上の革命が必要である。つまり、知的に人間の考え方を変え、すべての人がその思想に同化することによって、皆の同意のもとに、暴力なき社会改造を実現することである。

では、そのためにはどうしたらいいのか。いったい、新しいものの考え方とはどういうものなのか。そこで彼は人類の歴史はどのような道を辿って今日まで進んできたかを振り返ってみました。そうしてそこに彼は三つの段階を発見したのです。それは架空的神学的段階と、抽象的形而上学的段階と、実証的科学的段階です。第一の架空的神学的段階と申しますのは、ちょうど、子供がお伽話の世界に生きるように、ただ空想的架空的なものの考え方をして、それを実際にあるものと思いこむ原始時代の人間の精神状態でありまして、ここでは宗教が人間の生活の中心をなしております。それに対して、第二の抽象的形而上学的段階となりますと宗教からは解放されますが、しかし、何か絶対的なもの、第一原因とか実在の本質とかを抽象的に求めます。したがってここでは哲学が幅をきかせることとなります。これは人間の一生で言うなら、ただ理想だけを求め、現実を忘れて抽象的な理屈ばかり言っている青年時代にあたります。これに対して第三の実証的科学的段階は大人の精神状態でありまして、現実に即し、事実をつかんで、ものごとを合理的に処理しようとする科学的精神の段階です。

　コントはこのことを歴史、特に西洋の歴史の事実に即して細かく述べておりますが、このうち第一、第二は、十八世紀までの歴史的事実であるのに対して、第三は十九世紀に至ってようやく始まったもので、それを完全に実現するのが自分達の仕事であると、コントは主張するのです。なお、この三状態のうち第一の段階で社会を支配するのは牧師や僧侶など、つまり宗教人と、それから軍人です。それに対応して第二の社会で権力をもつのは法律家、第三の段階では工業家、すなわち工業に与（あずか）るものが社会を実際に動かすとコントは言っております。

　以上述べましたいわゆる「コントの三状態の法則」と呼ばれておりますものは一見ただ器用な図式的な考え方のようですが、よく味わうといろいろ考えさせられる面白い問題を含んでおります。が、それはともかく、コントによれば十九世紀から実証的科学的な人類の歴史が始まろうとしております。それは、一方では宗教や軍隊のもっているような実行力を有しているとともに他方では法律家や哲学者のように、どこまでも合理的にことを運ぼうとする性格をもっております。

それでいて、ここには宗教や軍隊のような非合理性はなく、またそれは哲学のように批判や反省ばかりしていて、現実の生活には一向プラスにはならないというものではありません。要するに一方の長所である「秩序」と他方の長所である「進歩」をもち、それぞれの欠点である「非合理性」と「非実践性」を除こうとするのが、実証的科学的段階なのです。こうして「秩序を基礎に」「進歩を目的に」という実証哲学の根本方針は確立しました。

「実証主義」と実証科学は違う

では、それをどうしてこの社会に実現するか。ここでコントは、先ほど申しましたとおり、まず私達のものの考え方を変えること、つまり社会の現実的改革の前に、人間の知的改革が必要であると考え、そのために、今までばらばらであった学問を整理し統一して、人間の知識を整頓し、その上に、上に述べた社会改造の目的を達するための学問を確立しようとしたのです。それが「実証科学の階統性(ハイラーキ)」と呼ばれる有名なコントの学問分類なのですが、今それについて詳しくお話しする時間はありません。ただその要点だけ申しますと、それはいろいろな学問を階統性、つまり、ピラミッドのように下が広く上にとがった形で整理された分類でありまして、抽象的な学問から具体的な学問へだんだんと登ってゆくと、それが同時に歴史的発生的にみても、一番古くからある学問から、最も新しく生れた学問へと進むという、非常に巧みな学問分類なのです。

しかし、私達にとって、今大切なことは、一番土台にある数学からはじまって、物理学、化学、生物学を経て社会学がその最高の地位を占めているという点です。というのは、社会学というものは十八世紀まではまだなかった学問で、これから作り上げねばならぬものだということです。つまり、コントは社会学という学問の必要なことを、この分類で主張しているのです。実際、社会学（ソシオロジー）という言葉を始めて使ったのはコントだと言われます。しかも、彼はこのように過去から現在までに到る学問を分類し、社会学の必要なことを説いただけではなく、自らその社会学を作り上げました。それを述べておる書物が『実証哲学講義』六巻と『実証政治体系』四巻の二つの大作であります。しかし、もちろん私達のこの講義では、その内容をお話しする必要はありません。ただ注目していただきたいことは、多くの実証科学のうち、最も具体的な現実的な実証科学は社会学である、とされている点です。しかも、その社会学は、今日の一部の社会学のように、社会だけを取り扱う社会学ではなく、その底に生物学や化学や物理学や天文学まで含んだ社会学であるということです。しかし、こんなことを話し出すと、講義が脱線しそうになりますから、この辺で、本道へ返ります。ただもう一言、コントの社会学について申しますと、彼自身の社会学は非常に保守的なもので、彼の出発点であった「進歩」の思想とは、およそ距(へだ)たったものとなっているということです。

　このことは、「実証主義」というものについても申さねばなりません。実証主義というのは一つの哲学の立場でありまして、したがってまた、哲学的体系として見る場合にはコントの「実証主義」にはいろいろ批判を加えることが出来るのです。ですから、私達もこの辺で「実証主義」というものからは別れて、実証的精神とは何かということを、それだけで考えてみなければなりません。くどいようですが「実証主義」という哲学と、実証科学とは、はっきり区別しなければならないものであるということを、よく心にとめていただきたいのです。

実証的とはどういうことか

では、哲学でも科学でも用いられる「実証」とはどういうことなのか。この点についてはやはりコントが実証的(le positif)とはどういうことかということを自分で非常にはっきりと分析して説明しておりますので、それにしたがって私達も考えてゆくことにいたします。「実証的」とは、まず、「現実的」ということです。逆に申せば、お伽話のように、空想的な架空的なものは実証的ではありません。実証科学が実証的と言われるのも、ただ単に事実によって証明されるというだけではなく、この学問は現実の実生活に直接関係するものであって、形而上学のような思弁的な学問ではない、ということなのです。したがって、「実証的」とは、また、「役に立つ」「有用である」ということをも意味します。閑にまかせた、いわゆる有閑マダム的な、実生活にはむしろ無用な、余分なものではないものが、実証的と言われるのです。それは私達にとってどうでもいいような贅沢(ぜいたく)なものではなく、生活に直接結びついたものです。ここからして、「実証的」とは「確定的」ということでもあります。不確定な、ただはてしもなく続けられる議論だとか、何時までも疑っていて何ら決定的なものを与えないものは実証的とは申せません。もちろんものごとはそう簡単にすぐ結論が得られるものではありませんが、しかし、それに一応のしめくくりをつけて、その立場で問題を解決し、必要が起れば改めて考えなおすというふうにして、一歩一歩進むのが実証的態度です。

この意味からして、また、「実証的」とは明確であるということでもあります。私達が現実に生きてゆくためには何か足場が必要です。明確でないもの、曖昧なものでは、ちょうど雲の上にいるようで足もとがたよりなくて何も出来ません。例えば風邪をひいた時、アスピリンをのめばいいということは知っていても、どれだけの分量をのんだらいいのか一日に何回のんだらいいのか、また、二つや三つの幼児にはどれだけ与えたらいいのか、というようなことをはっきり知っておらないと、せっかく手もとにあるアスピリンを利用することも出来ません。「実証的」な知識とは、それらのことについての明確な知識のことです。このように考えてまいりますと、実証的(ポジチヴ)ということは、私達が最も普通に使っている意味でのポジチヴ――ネガチヴに対するポジチヴ――すなわち消極性に対する積極性を意味するのです。もっともその消極とか積極とかいう言葉の意味がまだ曖昧であるとも申せますが、それならば「非行動性」に対する「行動性」あるいは、もっとはっきり言えば、破壊に対する建設だと言ってもいいのです。実際、建設的であるということが、実証的と呼ばれるものの非常に大切な性格の一つなのです。先ほどコントの三状態の法則のことをお話しいたしましたが、その第二段階である抽象的形而上学的段階をコントが否定したのもそのためです。つまり、コントは、形而上学者というものは、ただものを批判し、否定し、破壊するだけで、何ら建設的なものをもたないと言うのです。

以上、述べてまいりましたように、実証的ということはいろいろな意味をもっております。しかし、それに加えて、もう一つ非常に大切な意味がこの言葉にはあります。それを指摘したことはたしかにオーギュスト・コントの大きな功績なのですが、それは何かと言いますと、実証的とは「相対的」ということだということです。あるいは、実証的なものはすべて相対的だということです。このことはもう一度「三状態の法則」について考えてみると非常にはっきりするのですが、人類の進化の三段階のうち、その第一段階では、架空的にあるいは宗教的に、何か絶対的なものに触れようとします。また、第二段階では形而上学、すなわち哲学によって、絶対的存在や絶対的原理をとらえようとします。ところが、第三の実証的科学的段階では、始めからそのような絶対的なものを求めず、相対的なもので満足しようとするのです。いや、相対で満足するのではなく、絶対的なものなどというものはないと言うのです。もしも、絶対的なことがあるとすれば、それはただ一つ、次のことです。すなわち「すべてのものは相対的である。これが唯一の絶対的なことである」ということです。

人間中心であること

以上が、コントによって示された「実証的」ということの意味でありまして、それはまた、今日私達が用いているこの言葉の意味ではないかと思います。ところで、もし今まで述べてきたことが、正しいとすれば、それははなはだ複雑な内容をもつこととなるのですが、しかし、それをさらによく考えてみますと、結局、それらは一つのことに帰するのではないかと思います。それは、「実証的」とは「現実の生活に即している」ということなのです。一々繰り返しては申しませんが上に述べたいろいろな意味は、要するに、私達が日々の生活をしてゆくための条件に当るものなのです。それは言い換えれば、実証的精神とは、私達の身体的社会的生活を豊かにするための精神的態度なのです。さらに一歩を進めて申せば、それは抽象的な理論の立場ではなく、また、宗教的なあの世のことでもなく、人間が人間としてこの世に生きるための立場です。いやもっとはっきりと申しますと、すべてを人間中心に考えようとする態度です。一言で言えば、実証的とは人間中心的ということなのです。

この点、オーギュスト・コントの「実証主義」は非常にはっきりとしております。彼の実証主義哲学は彼自身にクロチルド・ド・ヴォという夫人との恋愛問題がありましてから、宗教的な色彩を深めてゆくのですが、その時、彼の唱える宗教は Religion of Humanity と呼ばれます。このヒュマニティという言葉を、人類と訳するか、人間と訳するか、それとも人道とするか訳語にはこまるのですが、要するに人間を礼拝の対象とするのが、コントの宗教です。つまり人間を神とみること、あるいは、人間こそ神だというのがコントの宗教なのです。

もちろん、このような考え方にはいろいろ批判もあるでありましょうし、反対も出るでしょう。しかしそれはともかく、実証的ということは、ここで一番はっきりとその本質を示しております。実証的とは人間を神化する思想です。実証主義が人間中心の思想である限り、それは当然、そこまでゆかねばならないことでしょう。

以上のように考えることが出来るとしますなら、実証科学というものは人間中心の科学ということになる。しかし、こうなると科学そのものが、相対的な学問となり、哲学的真理も相対的となります。しかし、それでいいのか。結局、私達は今日は非常な遠廻りをしながら、また出発点に戻ってきてしまいました。しかし、思索の世界では廻り道をするということは、それだけ問題を掘り下げたということです。今日の骨折りを無駄にすることなく次回は、実証科学とは何かということを、さらに深く考えてみたいと思います。

終りに、少し時間が余りましたので、コントの思想についてもう一言、つけ加えておきます。私は今日の講義の始めにコントの求めたものは「秩序」と「進歩」であると申しましたが、コントはその晩年には、もう一つのことをそれに加えております。それは愛（アムール）ということです。しかしその愛とは、コントでは神に対する愛ではなく、人間が人間に対する愛なのです。ここにも私達は、また、実証主義が、人間中心主義であるのを見出します。

結局、実証主義というものは次の三点に要約されます。それは、「愛を原理に」「秩序を基礎に」「進歩を目的に」ということです。

五　実証科学

この前には実証的精神とはどういうものかということをお話しいたしました。今日は、その実証的精神によって築き上げられる実証科学について考えてみたいのですが、そのためには、この前の時間に申しましたことを、もう一度、思い出していただくことから話を始めるのがいいかと思います。前回の講義は二つの部分からなっておりました。その一つはオーギュスト・コントの実証哲学とはどういうものかということで、今一つは一般的に「実証的」とは何を意味するかということでありました。そのうち、私達にとって大切なのは、もちろん第二の問題なのですが、それを明らかにするには、あらかじめ第一の点を知っておく必要があったのです。もっとも、コントの実証主義を詳しく述べますと非常に大きな問題となり、前の時間でも十分にお話し出来なかったのですから、今、それをさらに要約することは不可能なのですが、強いてそれを行うと、オーギュスト・コントは人間の歴史は三つの段階を経て進んできたというのです。すなわち、宗教的な段階、哲学的な段階を経て十九世紀に至って科学的実証的な段階となったのでありまして、したがって、その科学的実証的なものの考え方を一層もり上げて、それによって新しい社会を建設することこそ自分達の仕事であるというのです。そうして、その目的を達するためには人間の知識の再構成が必要であるとして、彼は独得な学問分類を試みましたが、そこで一番注目しなければなりませんことは、いろいろな実証科学のうち最も具体的な最高の学問は社会学であるとしている点です。普通は実証科学と申しますと、すぐ自然科学を頭に浮べるのですが、そうではなくして、社会学こそ最も実証的な科学であると言っている点をよく味わっていただきたいと思います。

ただ、コント自身の社会学は時代の制約により、また彼自身の性格もあって、非常に保守的なものとなっておりますので、私達はその辺でコントの実証哲学から別れて、「実証的とは何か」という第二の問題に移りました。そうして、実証的という言葉にはいろいろな意味のあることを分析的に説明いたしたのですが、それを一つに纏め、実証的精神と言われるもののエッセンスは何かと考えました時、それは、現実の実生活に即すること、つまり、私達の毎日のこの生活をもっと豊かにし、一層幸福にしようとするものである、と結論したのです。それは言い換えれば「実証的」とは人間中心的ということ、あるいはさらに徹底すれば、人間こそ神であるという思想が実証主義の真髄であるということなのでした。しかし、神と言っても、ここには絶対者などというものはありません。むしろ、宗教や哲学のように、絶対的なものを認めず、どこまでも相対的なもので満足しようとすることこそ、実証的ということの根本的性格なのです。

以上が、前の時間にお話ししましたことの要点ですが、そうなると、科学的真理も相対的となってしまいますが、それでいいのか、真理というものは、それが絶対的で時や所によって変らないものであればこそ、真理と呼ばれるはずであるのに、それが相対的では真理とは言えないのではないか、というのが、前の講義の最後に私達の抱いた疑問であって、それについてさらに深く考えてゆこうというのが今日の、これからの問題です。

実証科学は生活のためにある

そこで、まずはっきりさせたいことは、私達がものを知るのは何のためかということです。コントは、それは「あらかじめ前もって知るためだ」「予見するためだ」と申します。では「予見するのは何のためか」とさらに問うと、それは「準備するためだ」と彼は答えます。これを原語で申すと韻を踏んだ美しい言葉となります。すなわち、ヴォアール・プール・プレヴォアール・アファン・ド・プールヴォアール Voir pour prévoir afin de pourvoir でありまして、この言葉自体非常に美しい、まことに巧みな表現でありますが、ともかく「準備するために予見するために見る」のが、「見る」ということの目的であるということになります。

そこで今日は、この言葉をテーマとして話を進めてゆきたいと思います。まず「見るのは予見するためである」というのは、裏返せば、見るのは将来起ることを見るためであって、現在目の前にあるものを知るのが、その目的ではない、ということです。もちろん、ここで言う「見る」とは「知る」ということですが、私達は普通は、ものを見るのは目の前の対象を知るためだ、と考えております。例えば、道ばたの垣根の向うに咲いている花を見るのはそれが、梅であるとか、桜であるとか、あるいは桃の花であるとかを知るためであると考えております。しかしながら実証的な立場から言えば、そうではなくして、現在を知るのは、将来に対して一つの知識をうるためなのです。つまり、ものを知る目的は現在にあるのではなく未来にあります。今日、三月八日、咲いているのが桃の花であると知るのは、来年もまたこの季節に花盛りとなるのは桃の花であって、梅でも桜でもないと知るためです。あるいは、今年の五月二十四日に月食を観測するのは、この次は何年何月何日、何時何分何秒に月食があるかを予見するためです。ということは、結局「知る」ということは単に純粋に知るのが目的ではなく、「行動」が目的であるということです。だから、「予見するのは準備するためだ」ということにもなってくるのです。実際、予見することさえ出来れば、自分の家の庭にも自分の好きな花を咲かせることも出来ますし、月食や日食があらかじめわかっておれば、怖れおののくことなく、必要な電灯やその他のあかりを準備することも出来ます。

このように考えてきますと、結局、実証的知識というもの、そうしてそれを体系づける実証科学というものは、純粋知のためのものではなく行動のためのものと申さねばなりません。「実証的」とは現実の生活に即するということだと、この前の講義で述べましたが、その意味は、ここで一層はっきりいたします。要するに実証科学は生活のためにあるのです。と申しても、それは科学者の研究は「何かのために」なされるというのではありません。科学者の研究自体は戦争のためになされてはならないことは言うまでもありませんが、また人類の幸福のために、今までなかった大きなエネルギー源を得るために、なされるものでもありません。物理学者自身はただ物質とは何か、エネルギーとは何かということを研究すればいいのであり、また、そうでなければなりません。しかしそうして形成されてゆく科学的知識つまり科学そのものの存在理由は、純粋な理論にあるのではなく、実践にあるのです。

私達は今日の講義の始めに、相対的なものを真理と言えるかという疑問を出したのですが、それは真理は絶対的なものであると、勝手に頭できめてしまうことから生じた質問、つまり、自分で描いた化物の絵を眺めて、身ぶるいしているようなものです。もし、実証科学は絶対的認識のためにあるのではなく、私達の生活のためにあるということさえ自覚すれば、そのような幻は影もなく消えてゆくのです。元来、実証的知識は、私達に力を与えるためのものです。フランシス・ベーコンのあの有名な言葉、「知は力なり」というあの言葉は、ここでこそ、実感されなければなりません。私達は、生きるためには、力が必要です。しかしその力は相手を殴ったり、重い石を持ち上げたりするような力ではつまりません。それらは極めて小さい力です。それに対して、大自然を変更したり、動物や植物を人間の思うままに利用すること、それは人間の科学の偉大な力です。

科学によって新しい世界を創造する

これだけ申せば、科学とはどういうものかということは、これ以上くどくどしく説かなくとも私の言おうとすることはもうおわかりになっていることと思います。ただ、このように考える以上、科学は単なる精神の問題ではなく、身体と物質と、経済の問題であることをここではっきり認めていただきたいのです。実証科学は実験を手段としますが、その実験はもはやいわゆる実験室だけで行えるものではなく、また、純学問的な研究所というようなものだけで、すべてが解決するものでもなく、コントの申したとおり工業つまり生産関係に結びつくもので、しかもそれは個々の営利会社などではどうにもならぬほど莫大な資材を必要とし、結局国家自体がその母体とならねばなりませんことは、原子力研究の現状を見れば明らかであります。そうして、さらに、もしほんとうに素晴しい科学的研究を行おうとするなら、それでもなお不十分で、国際的な協力、つまり人類全体がその物的資源を提供することによってのみその目的を達しうることは、やがて行われようとする地球観測の事業に照しても明瞭です。

それから、今一つ大切なことは、私は今まで、科学という言葉を使いながら、主として自然科学のことを語ってまいったのですが、上に述べました実証科学の解釈は、社会科学にもそのまま当てはまるという点です。もっとも、社会科学とは何かということを正面から取り上げると、それはまたそれで、いろいろ難しい問題となりますが、実証科学は行動のための学であるということだけについて申しますと、社会科学は、やはり自然科学と同様、単なる社会現象の認識の学ではなく、社会の現状を知ることを通してより良い社会をつくるための学なのです。結局、自然科学であるにせよ社会科学であるにせよ、それが実証科学である限り、それらはすべて、人間が自分の力によって新しい世界をつくり上げるためのものです。宗教は、この世を作ったものは神であると言うでしょうし、自然科学は宇宙や生物の進化を自然法則で説明するでしょう。それについて私達はとやかく言う必要はありません。ただ、人間の知性を絶対的に信じ、その知性によっていまだ神も創造せず、自然もいわゆる自然的には作らなかった、新しい世界と歴史を創造しようとするのが、実証科学というものなのです。

　その結果がどうなるか、それは道をあやまれば人類を死滅させるかもわかりません。しかし、その危険を知りながらも、どこまでも人間中心にことを運ぼうとする立場、人間が自ら神たろうとする態度、つまり、実証的精神の姿はここで最も明らかに示されていると申さねばなりません。それは人跡未踏の高山に戦いをいどむアルピニストになぞらえることも出来ましょう。そのような不遜な思い上った態度に、神は怒って霹靂(へきれき)を天から投げつけるかも知れません。また、大自然の憤りは突風となって谷底から吹き上げ、人類を再び奈落の底に引き落そうとするかもわかりません。それだけではなく、道なき道をよじ上る人間の一歩一歩は、文字どおり命をかけての前進で、一足をふみあやまってもそれは人類の破滅です。私は、今、水素爆弾のことだけを考えているのではありません。医学における最近の大進歩とされる化学療法や抗生物質による療法も、その反面にそれらに対する対抗菌の発生という新しい問題を我々に投げかけております。要するに、実証科学の前進は、その反面に、人類を滅亡に導く危険を孕(はら)んでいます。それは、全く、薄い氷を踏むような、あぶない仕事なのです。

しかし、その危険を犯して遂行される科学の進歩は、神も、大自然も、いまだ実現しえなかった新しい世界を創造します。人間の生きる喜びはここに極まると言っても言いすぎではありません。何時かは死なねばならぬ人間が、地獄の閻魔(えんま)に何をしたかと問われて昂然(こうぜん)と答えることがあるとすれば、それは、人間として、人間の力で築き上げた、そのような創造に自分も参加したということでなければなりません。しかし、これは口で言うのは簡単で、誰でも言えることですが、実行はほんとうに容易ならぬことです。ここにこそ、万一の僥倖(ぎょうこう)を期待する宝くじ的精神や、果報を寝て待つ非実践的怠惰や、自分一人抜けがけの功名をねらう利己心は絶対に禁物です。人類全体が、がっちりと腕をくみ、その一人一人が全身に汗を流し、よしその歩みはのろくとも決してつまずき倒れることなく、一歩一歩と前進する方法にしたがわねばなりません。あせってはなりません。飛躍してはなりません。科学者は暗闇を進む旅人です。と申しますのは、彼等は未知の世界を自ら切り開く人間であるという意味です。足もとを照すのはただ自分のもつ懐中電灯のあかりだけなのです。ではその光とは何か、それこそ科学の方法、すなわち実験と分析です。

分析は行動のための手段

この実験および分析については、私達はすでに今までの講義で、それが何であるかを知りました。ただもし、実験に対する理解があれで正しかったとしますと、そこに、実験を通して確立される学説が、結局は一つの仮説にとどまるという点に問題が残るのです。それが私達を「実証的精神とは何か」という問題に引き入れ、それはさらに「実証科学とは何か」という今日の問題にまでこの講義を導いたのです。では、その点は結局どういうことになったのか。それに対する最後の結論を出すためには、今一度、分析とは何かということを検討する必要があります。

分析について私達がすでに知りましたことは、分析とは物自体、つまり、ものの本質を把えるものではなく、それを外から眺め、それを記号によって表現するということです。それは、別の言い方をすれば、分析とは物に即した知識、即物的な知識ではなく、そのものを他のものとの関係において理解する知識、つまり関係知であるということです。水とは何かということを水そのものにおいて知るのではなく、他の物質の成分でもある、HとO、水素と酸素によって知るのが分析です。しかし、そんなことではその対象の独自の性質は知りえないのではないかという疑問が起るのでありますが、私達はここでこそ科学的知識、実証的知識というものの意味をはっきり自覚しなければならないのです。つまり、実証科学の目的は純粋な知識を得ることではなく、行動のための知識を獲得することであるという点です。私達はある対象に働きかけるためには、必ずしもその本質を知る必要はないのです。例えば、一つの書物の本質はその本に書かれている内容です。しかしその本を買うためには、その本を扱う人が、その内容を知っていなければならないというものではありません。本屋の売子が私の求める本を私に渡すためには、ただ本の表題さえわかればいいのです。それどころか本の大きさや、厚みや、カバーの色だけでも用を足しうるのです。あるいはまた、別の例を取れば、分析とは商品の定価のようなものであるとも言えます。定価とは種々様々なものをすべて一定の関連におき、それによって、それらを相互に交換することが出来るようにするものですが、分析もちょうど、そのようなものです。

すなわち、分析はあらゆる事物または現象を、一定の記号の下に一般的関係におくことによって、それらを私達の行動の支配下に入れるものです。学問は数学化される程度に応じて、それだけその学問は科学的であると言われるのもその意味です。いろいろな記号のうち最も精密、正確な記号が数字である以上、実証科学の理想は一切を数式化するにあるのは当然です。この前の講義で、私が、薬を使用するには、ただ、その名前を知っているだけでは不十分で、その用法を数量的に知っておらねばならぬと申したのも同様の理由からです。——数学化即実践化なのです。

このように、分析は行動のための手段であるということは、「分析とは時間を空間化することである」ということについても申せます。「分析とは時間を空間化することである」ということの意味は以前の講義で詳しく述べましたから、今日は繰り返しませんが、時間とは、一言で言えば、動きそのものです。ところが、その動きというものは直接には、働きかけることの出来ぬものです。それは、飛んでいる飛行機に飛び乗ることの出来ないのと同様で、私達は、ただ飛行場にとどまっている飛行機つまり動きが静止し、時間が空間化された時にのみ、それに乗ることが出来るのと似ております。もっとも飛んでいる飛行機には別の飛行機から乗り移ることが出来ると言われるかも知れませんが、その別の飛行機に乗るにはやはり、それがどこかの飛行場にとどまっている時に乗ることが必要であったのです。結局、「分析とは時間を空間化することである」というのも、それはそれが動きに働きかけるための手段であるからである。生命は動きであり、創造でありますが、その生命の本質には、直接に働きかける手段がありませんので、私達はそれの空間化された姿、つまり生物体と、それの空間的変化を分析して、それを通して、生命に働きかけようとするのです。

「知る」ための学問と「生活」のための学問

このように考えるなら、科学の方法である分析による認識は記号的空間的認識であり、結局は一つの仮説にとどまるということは、科学を行動のための知識とする限り、それでいいのです。これに対して哲学はどこまでももののほんとうの姿、つまり、生のままの本質を知ろうとするものです。そのためには分析という方法を捨てて、直観という別の方法が必要であることはすでに詳しくお話ししたとおりです。しかし、その直観では、ただ存在と合一するだけで、直観ではそのものをどうすることも出来ません。直観とはシンパシー（同情）であると前に申しましたが、気の毒な人に同情し、その人とともに涙を流したところでその人の不幸がなくなるわけではありません。これに対して分析を手段とする科学は、人間の力で対象を変更しようとするのです。もちろん、そのためにはまず対象の法則にしたがうことが必要です。しかし、そのように対象に服従することによって、科学は対象を自分の支配下におきます。ところが、哲学は支配しないが服従もしません。ただ、存在と合一するだけです。その意味では、科学は実用品ですが哲学は贅沢品です。しかし、それはまた逆に言えば、哲学のみが真理の学、ほんとうにものを知る学、であって、科学はただ生活のための知識にすぎないということでもあります。

結局、哲学と科学は、その存在理由が始めから違っているのです。一つはただ純粋に「知る」ための学で、他は「生活」のための学問です。私達はこの講義の始めから、哲学と科学の違いはどこにあるかと問うて、この二つの学問は「対象」においても「方法」においても異ることを知りました。それから、特にその方法の問題を取り上げて哲学および科学の方法の一つ一つについて、その違いを詳しく検討してきたのですが、今や私達は、さらに、この二つの学問はその存在理由においても異っているのを発見したのです。こうして、哲学と科学はこれ以上どうにもならぬほど対立的なものとなってしまいました。しかし、この二つはただこのように相対立し、相反目するだけのものなのでしょうか。それは、むしろ、ちょうど男性と女性のように、相反すればこそ相求め合うものではないでしょうか。

この講義自身、二か月にわたって分析から分析へと対立の面を下って来たのですが、今やその谷へおりつくして、あとには綜合という対岸の山を再び上ることだけが残されております。この講義もあと三回となり、厳しい冬も終って暖かい愛情の芽生える春も近づいてまいりましたので、私達も、次回から哲学と科学の和合の面へと、講義を転向してゆきたいと思います。

第五章 哲学と科学の相補

一 外的相補性

この前の講義の終りに申しましたように、私達は今年の正月から哲学と科学の関係について、分析に分析を続けて、寒い冬の間中この二つの学問の対立の面の研究を深めて来たのですが、前の講義でその分析の坂を下り尽し、谷川の水も暖まる春を迎えようとして、今日から、哲学と科学の融和の姿を求めて、対岸の、綜合の山を登ってゆこうと思います。しかし、その前に、今までの思索の内容を、もう一度はっきりと簡単にスケッチしておきます。この講義のテーマは「哲学と科学」です。それで、私達にとっての問題は、「哲学とは何か」、「科学とは何か」ということではなく、「哲学と科学の関係はどう考えたらいいのか」ということなのでした。ところが、その関係という言葉には二つの意味があります。一つは、両者の違いはどこにあるのかということで、今一つは、そのように区別される哲学と科学はどのように関係し合うのかという点です。

そうして、今まで私達が検討してきたのは、その相違の面でありました。では、それはどう違うのかと言いますと、哲学と科学は、その「対象」においても、「方法」においても、そうしてさらにその「存在理由」においても違っています。まず、対象について申しますと哲学の対象は「存在の全体」であるのに対して、科学の対象は「存在の一部分」です。それは別の言い方をしますと、哲学は存在の本質を問題とするのに対して、科学は存在の現れつまり現象だけがその研究の対象です。このことを内容的に言いますと、哲学は時間すなわち動き、あるいはものを動かす原動力の研究であるのに対して、科学は空間すなわち静止の学、あるいは動きを静止において把える学問です。結局、哲学固有の対象は精神で、科学のそれは物質です。

次に、方法の相違はどこにあるかと言いますと、哲学は存在を内から見るもので、そこからして、哲学の方法は、「反省」と「直観」ということになります。これに対して、科学の方法は「観察および実験」と「分析」ですが、それは、哲学がものを内から知ろうとするのに対して科学は外から眺める立場であるからなのです。このように、哲学と科学はそれぞれの対象と方法をもっておりますが、それは無関係なことではなく、哲学の対象を把えるには哲学の方法が必要で、また科学の対象は科学の方法でなければ、把えられないものです。この事はすでに詳しくお話しいたしましたが、あるいは、今日始めてこの講義を聞いて下さっている方もあるかと思いますので、一例を申しますと、哲学の対象が「存在の全体」である以上、その存在を知ろうとする人自身も、その存在の内にはいってしまいます。したがって、もはや存在を外から論ずることは出来なくなってしまって、結局、哲学の方法は反省しかないということになるのです。科学の場合の例は省きます。ところで、このように、哲学と科学は、いずれも固有の対象と方法をもっているということにはさらにその根底がある。つまり、この二つの学問はその存在理由が始めから異っているのです。すなわち、哲学は純粋にものを知るための学問であるのに対して、科学は私達の生活を一層豊かにするための学問なのです。

以上が、今までの講義で明らかになったことでありますが、もし今申しましたことだけを始めて聞かれた方があるとしますと、いろいろ疑問や反対も出るかと思うが、それを詳しくお話しすれば、今までの十回にわたった講義をまた繰り返さねばなりませんから、その点はおゆるし願いたいと思います。――ともかく今申したとおり哲学と科学は何から何まで違っている。では、このように相反する二つの学問は、仲の悪い二人の友達のように、ただ反目し、お互に非難し合うだけのものであるか、それとも、性質が違えばこそかえってお互に求め合う二人の恋人のように、相和し、相補うものなのか、それが「哲学と科学の関係」についての第二の問題であり、今日の講義の課題なのです。

哲学の不十分さと科学の不完全さ

では、今日の問題にはいります。今日は最初に結論を申しておきます。私は、哲学と科学はいずれも必要で、相補って完全な学問になるのだと思います。しかし、このことを主張するためには、次のことを明らかにしなければなりません。すなわち、まず哲学という学問および科学という学問は必要であるということ。と申しますのは、一部の科学者は科学だけが学問で、哲学なんか不要であると考えておりますし、また哲学者のうちには、哲学だけがほんとうの学問で科学は実際は不正確な、そうして、ある場合には有害な学問であるとさえ思っている人があるからです。

つまり、哲学が必要であること、または科学が必要であるということだけからは、その両方が必要であるということにはならないのです。哲学が必要であるということからは、科学も必要であるということにはならないし、科学が必要であるということからは、哲学も必要であるという結論は出ません。そのいずれもが必要であると言うためには、哲学だけでは不十分であり、科学だけでも完全な知識とは言えぬということ、つまり、哲学にも、科学にも、欠点があるということを示さなければなりません。結局、哲学の必要性と不十分さ、および科学の必要性と不完全さという四つのことを論証した時に始めて上に申した結論は正しく主張しうるわけです。

科学が軽視される理由

そこでまず、科学は必要なものであるということから話を始めますが、それはむしろ、なぜ一部の哲学者が科学を軽視したり無視したりするのかということに問題があります。そうして、それにはいろいろな理由が上げられ、そこからして様々な哲学説も出てくるのでありまして、見方によっては、歴史に現れた様々な形而上学はすべて科学批判の学であるとも申せます。しかし、それらの考え方の根本をなすものは何かと言えば、それは、科学はものの一部をしか知らさないということと、もう一つは、科学は存在の表面だけを知らせて、本質を教えないという点ではないかと思います。しかし、このような理由で科学を非難するのは、始めから科学は何のためにあるかということを忘れているからです。すでに今までの講義で明らかになりましたように、科学は純粋な認識のためにあるのではなく、行動のためにあるのです。しかも、私達人間にとって大切なことは、哲学者のようにただものを考えることにあるのではなく、行動すること、生きることにあるとするなら、それだけで科学の必要なことは明らかです。

哲学者の考える人間は、頭だけの人間、精神だけの人間です。そうしてよし具体的な人間を考えるとしても、彼等は「ひとはパンのみによって生きるものにあらず」と言います。しかし、このような言葉に対しては、私達はただ一言「我々はパンがなければ生きられない」とさえ言えばそれで十分です。パンどころか、水がなくとも空気がなくとも、私達は生きられません。中世の哲学は肉体を悪魔と考えました。

しかし、私達にとっては身体は、私達にスポーツをよろこばせ、ダンスを楽しませるものです。恐らく二度とは生れないこの世に、今こうして生きている以上、この身体的物質的生活をいかに豊かにし、いかにより楽しいものにするか、ということこそ、私達の第一の関心事です。いや、それこそ人間に課せられた使命です。そうして、そのために人間が作り出したものが科学である以上、それを不用とすることは、生そのものを否定することに他なりません。科学と技術と、その作品、つまり機械は、本質的に不可分なものですが、それは機械は身体の延長であるからで、その機械によって人間は動物的有機体的な人間を越えて、その身体性を無限に拡大するからです。そのことについては一々例を上げるまでもありません。手の延長である様々な巧妙なあるいは巨大な製作機械、足の延長である交通機関、目の拡大である電子顕微鏡や反射望遠鏡を頭に浮べるだけで機械というものがいかに素晴しいものであるかは誰の目にも明らかです。

このように考えますなら、生活の手段としての科学の必要性は全く明瞭です。したがって、問題はむしろ、なぜ科学だけでは不十分なのか、科学の欠点はどこにあるのか、という点にあるのです。そうしてそれこそ、今日の第二の問題です。

科学では知りえないもの

ところで、この点については、まず、科学は悪用されると、科学の発達以前には考えられもしなかった不幸を、個人にも、人類全体にも、もたらすということが問題となります。しかし、それは、科学を運用するものの罪であって、科学そのものに責任があるのではありません。したがって、もし科学に欠点があるとすれば、それは身体の延長であり、行動の手段であるという点にあるのではなく、認識手段としての科学に限界があるということなのです。

やさしく言いますと、科学では知りえないものがあるということです。このことは実はすでに今までの講義で十分述べたのでありますが、今一度、私達の知識を整理してみますと、まず、科学の方法は分析ですが、この分析という方法では、本来不可分な、全体的統一をもったものは理解出来ないのです。要素の集まりであるもの、例えば子供が積み木を組立てて作った家や、私達の住んでいるほんとうの家は、それを部分に分けることが出来ますが、生物の身体は全体性、つまり、一つのまとまりをもっているもので、それをばらばらにしてしまっては、それの物質的な成分はわかってもその生物の独自性は失われます。それはちょうど、芸術作品はすべて全体として、意味があるのであって、それを部分に切断しては、その芸術の個性が失われるのと同じです。

このことは動きと分析についても言えることで、分析とは、すでにたびたび申しましたとおり、静止においてものを把えるものでありますが、静止させてしまえば、動きがなくなること、つまり、それでは動きそのものが問題とならぬことは、これほど明らかなこともありません。もし、動きという言葉が曖昧であるとされるなら、動きのもと、すなわち原動力と言ってもいいでしょう。いったい、科学は、本来、未来のことを前もって知るためにあります。しかし、それは過去にあったことを再び未来にみようとすることなので、もし、一度もなかったこと、すなわち真に創造的なものが、問題である場合には、科学は無力なのです。芸術が科学の対象となりえないのも芸術は創造であるからです。

このことは、さらに、精神と科学についても申せます。もちろん、ここに言う精神とは、自然科学としての「心理学」や「精神病学」が対象とする精神現象ではなく、自分の力で新しいものを作り出す創造力、すなわち自由そのものです。しかし、そんなものはどこにあるかとの質問が出るかも知れません。しかし、それに答えるとすれば、「どこにもない」としか言えません。というのは、「どこ?」という質問自身、すでに空間の立場に立った質問でありますが、精神は空間的なものではありません。その意味では「どこにもない」としか言えないのです。もし、精神を別の表現で言うなら、精神は「アイディア」です。ところでこのアイディアという言葉に似た言葉に「アイディアル」すなわち「理想」という言葉があります。そうして、その「理想」となると、これは明らかに現在はどこにもないものです。しかし、理想というものは、一つの方向を示すものであって、その意味では「すでにある」ものです。もし哲学的な用語を用いることを許していただきますなら、「理想」ということは一つの決定論に立ってのみ言えることです。それに対してアイディアはどんな意味でも決定されていないもの、自由に自らを生むものです。

もちろん何かが生れるためには、条件は必要です。どんなにいい種があっても畑がなければ、芽も出ませんし、美しい花も咲きません。しかし、種は畑ではなく、畑がどんなに立派でも種子がなければ花も咲かず、実もなりません。しかしこのように申すと、さらに、種子そのものがすでに様々な物質的条件からなっていると反対されるかも知れません。しかし、生命としての種子、すなわち種子をその生物の原理たらしめているものは、そのような物質ではありません。この点は実はことさら生物体を例にとらなくとも、無生の物質である機械においてすでに言えることなのです。ひとは機械は、物質だけからなっていると思います。しかし、物質だけでは機械は生れません。機械は一つのアイディアによって組立てられるものなのです。アイディアがなければ、生物はおろか、鉛筆一本、紙一枚さえ生れないということをよく考えていただきたいのです。

ただ、ここで問題となるのはいわゆる「考える機械」すなわち機械的頭脳としての電子計算機や、さらに一般的にサイバネティックスと呼ばれるものです。たしかに、電子計算機の機能は驚くべきものです。例えば、ペンシルバニア大学で作られたエニアックは十桁の加え算を一秒間に五千回、十桁と十桁の掛け算も一秒間に三百回以上行いますし、カリフォルニア大学のロス・アラモス研究所で作ったマニアックは、そのエニアックで二十四時間かかる計算をわずか一時間半で行うそうです。しかし、これは要するに決定論的機械的な仕事の速度を速めるだけで、新しいものを作るということはないのです。この点、サイバネティックスにはフィード・バックということがあります。フィード・バックとは作業の内容や、仕事の結果そのものを自分で知り自ら制御するという、いわば一種の自己批判を行うものです。例えば、自動調節器のある電気コタツでは、熱くなりすぎるとバイメタルが働いて、スイッチを開き、電流を遮断することによって、何時もコタツの温度を一定に保っているのです。

もちろん、これはフィード・バックの最も簡単な一例で、今日の精巧な機械装置では、それが非常に巧妙に、また、複雑になされているのではありますが、サイバネティックスの本質は、ここにすでに示されております。つまり、サイバネティックスは、それがどんなに巧妙なものであろうと、それは、結局、それを作った技師が、それに仕掛けた仕事をするだけで、自らものを創造するということはないのです。それは夏の夜の水のほとりに描き出される仕掛花火と同じで、その花火の美しさ、面白さは、実は、それを作った花火師のアイディアの素晴しさなのである。このように申しましても、私は決して電子計算機やサイバネティックスの非常な有用さを否定するのではありません。それらによって人工衛星もつくれるでしょうし、やがては宇宙旅行も可能となりましょう。それらはすべて科学の作り出す機械の成果です。しかし、もしそのような機械について、ほんとうに驚嘆すべきものがあるとしますなら、それは、その機械そのものではなく、そのような機械を作り出した人間の精神そのものでなければなりません。

現象をもたらしめるものを知る

以上のように考えてまいりますと、科学にはやはり限界があると言わねばなりませんので、そこに、それを補うものとして、哲学の必要性が浮び出てくるのです。つまり、哲学は必要であるという今日の私達の第三のテーマは肯定されねばならなくなります。しかし、この点についてはもう詳しく述べるには及ばないと思います。いま、上に述べましたことを裏返せば、そのことは明らかであるからです。

　すなわち、全体性とか、個性とか、動きとか、あるいは原動力とか、精神とかいうものは、ただ哲学によってのみ把えられるものであるからです。いったい、どんなものでも、いったん現れてしまったものは、すでに必然的なもので今さらどうともならぬものです。そうしてそれは、それ以後はすべて必然的法則にしたがってゆきます。大切なのは、それの現れる以前のもの、いまだ姿のないものです。それを時間と呼ぶか、創造というか、あるいは原動力と名づけるか、それとも精神という言葉で表すか。その言葉は何とでも申せましょう。ともかく現象以前のもの、そうして、現象を現象たらしめるものこそ問題なのです。そうしてそれを知らせるものこそ哲学に他なりません。私達は、以前に、哲学とは時代批判の学であり、歴史指導の原理の学であると申しましたが、真に時代を動かすものは、すでに現れてしまった社会的歴史的事実ではなく、その底にあってそのような事実を生んだ、そうして現に生みつつある何ものかです。そうして、それをはっきりと把えることこそ哲学者の使命なのです。

　ただ、ここで序（ついで）に一言しておきたいと思いますことは、十九世紀以来、そうして特に戦後の日本において、個人に対する社会の優位、つまり個人よりも社会を重んじるという思想が盛んになっていることです。このことは非常に大切なことで、それはどこまでも主張しなければならないことです。ただ、しかし、そのことからして、もしも社会生活における個人の役割を全く無視しようとする人があるなら、それはまた非常な誤りであることをここに指摘しておきたいのです。

一切を社会の責任に帰するということは、自分が、自由をもつ存在者としての人間であることを自ら放棄することです。それは自分を機械とすることです。そんな世界にはただ運命的な必然性と自暴自棄な行動があるのみで、ほんとうの歴史はないのです。と、申しましても、私は個人が単に個人の力で歴史や社会を作りうると言うのではありません。各人が、皆、自分のうちに躍動する歴史を感じ、自らその歴史創造の一員であることを自覚し、自由にして創造的な自己をもつことによってはじめて、社会も、国家も、人類全体も、よりよいものへと進みうるのです。そうしてそのような自由な自己の根源を求めることこそ哲学するということなのです。

哲学が「全人の学」と言われるのもその意味です。医学は医者を作り、法律学は弁護士や裁判官を作りますが、哲学はいかなる職業人をも作りません。しかし、哲学は人間をつくるのです。このようにして、単なる生活のためには無用の学であり、贅沢の学である哲学は、人生そのものをより良いものとするためには最も有用な学、必要な学となるのです。しかし、また、人間は単なる精神ではなく、宇宙も時間だけで成り立っているのではありません。ここに、身体と、物質と、経済の学としての科学が登場してこなければならない理由があります。つまり、それは、哲学はそれだけでは不十分であるということです。

以上で、哲学と科学は、どちらも必要であるとともに、いずれも、一方だけでは不十分であるということは、明らかとなりました。ということは、この二つの学問は相助け相補うことが必要であるということです。要するに、哲学と科学は一つのものの裏表なのです。あるいは、それらは一日の昼と夜になぞらえることも出来ます。昼には昼の世界があり、夜には夜の世界があります。そのいずれを欠いても人間の生活は乱れ、結局は人間を死に陥れるのでしょう。もちろん、ここには上下や優劣はありません。どちらも同様に必要であり、いずれも同様に尊い学問です。したがって、哲学が単なる科学になることも、科学が哲学になることも間違いです。哲学と科学は、いずれもその本質を自覚して、おのおのその限界において、その使命を果すことによって、始めて存在の正しい認識も、よりよい人生の建設も可能となると言わねばなりません。

「哲学と科学の相補性」ということは、以上で一応明らかになったかと思います。しかし、「哲学と科学の相補性」という言葉には実は二つの意味があります。その一つは、これら二つの学問は、いずれも独立しながら、しかも互に相補って、完全な学問となるということで、今日お話しいたしましたのはその点です。しかし、「哲学と科学の相補性」ということには、もう一つ別の意味があります。それは、哲学が立派に成立するためには哲学自身のうちに科学が必要であり、また、科学も真に進歩するためには自己のうちに哲学をもたねばならぬということです。それで、この次には、この第二の意味の相補性について考えてみたいと思います。

二　内的相補性

この前には哲学と科学の相補性についてお話しいたしました。今日もそれについて思索を続けます。しかし、問題は別なのです。前の講義の終りに申しましたように、哲学と科学の相補性という言葉には二つの意味があります。一つは、ちょうど夫と妻が互に助け合うように、哲学と科学はいずれも独立した、別々の学問でありながら、相補うということです。今一つは、ちょうど握り合った手と手が互に相手の手を自分の手のうちに入れながら、また、自分の手が相手の手の中にありますように、哲学そのもののうちに科学が、また科学自身のうちに哲学が含まれるということです。そうして前回にお話ししたのはこの第一の点でありますので、今日は第二の点について考えてみたいと思います。したがって今日の講義ははっきりと二つの部分に分れます。一つは、哲学における科学の必要性で、もう一つは、科学における哲学の必要性です。

哲学における科学の必要性

まず、哲学の方から眺めてみることにいたします。科学に対する哲学の一番の特色は、「考える」ということです。科学者にも考えるということは大切ですが、科学の面目はまず事実を観察し、実験することにあります。それに対して、哲学は、ものごとを深く思索するところに、その本質があります。「疑いのないところに哲学はない」ともよく言われますが、疑うとは、一つの事実をそのまま受け入れることなく、その事実は果して正しいか、とか、その事実はなぜ存在するのか、などと、いろいろ考えることです。

しかし、このように考えておりますうちに、何時の間にか肝腎の事実は哲学者の頭から消えてしまって、抽象的な理論だけが、次から次へと展開されるようになりがちです。そうしてそうなると、もはや、その思索を制御する手綱はなくなっておりますから、ただやたらに複雑な理論や、理屈だけは通っているが現実からは遊離した学説が、わがもの顔に幅をきかすようになるのです。世間の人が「哲学」という言葉に何となく魅力を感じて、さて、それを勉強すると、何が何だかわからなくなったり、そこから逆に哲学者を馬鹿にしたい気持になったりするのは、哲学が今申したような抽象的なものである限り、もっともなことです。しかし、ほんとうの哲学は、もちろん、そんなものであってはなりません。哲学はどこまでも事実の上にしっかりと足をふみしめ、現実の底に根を下したものでなければなりません。つまり、哲学者は、まず、具体的な事実を知らねばならないのです。

では、その事実を知らせるのは何か。ここで厳密に話をいたしますためには、一つの面倒な難しい問題があります。それは、事実と言われるものに二種類あって、その一つは内的事実、もう一つは外的事実であるということなのですが、このことを詳しく述べるとこの講義の時間は足らなくなり、しかも、それは詳しく説明いたしませんとかえって誤解を招く怖れが多分にありますので、一層のこと、今日はそれに触れないで、ただ内的事実とは、以前の講義で哲学的直観についてお話ししました時に、問題とした根源的事実がそれに当るとだけ申しておきます。

では外的事実とは何かと言いますと、それこそ普通の意味の事実、例えば、「春が来た」とか「花の蕾（つぼみ）がふくらんだ」とか、その蕾をほころばせる生理的機能とかいった事実です。ところで、このような事実を精密に知らせるものは科学です。私達に春を齎（もたら）す地球の運行はどのような天体の法則にしたがっているか、とか、植物の成長ホルモンはどんな成分で、どこから分泌されるか、などということは、科学によってのみ明らかにされます。このように考えますと、哲学が具体的になるためには、どうしても科学が必要なのです。

このことは、過去の哲学の歴史を振り返ってみても明らかでありまして、偉大な哲学者はその時代の科学的知識をよく身につけておりますし、また、自ら秀れた科学者であった例も少なくはありません。この点、日本の哲学は、一般的に申して、あまりにも科学から離れすぎているのではないかと思います。これから、哲学を始めようとされる若い方々は、このようなことのないよう、科学の勉強にも力を入れていただきたいと思います。ただここで問題となるのは、科学がまだ現在のように分化発達していなかった時代には、哲学者が科学を勉強することも容易でありましたが、今日のように科学が専門化してしまっては、とてもそんなことは出来ないという点です。それはたしかにそうです。哲学者が自分で科学を研究することは、現在では非常に困難です。

しかしながら、少なくとも学説としての科学の理論、すなわち科学者たちが築き上げた理論的成果は、必ずしも哲学者に理解出来ないものではありません。そうして、さらに、科学によって精密に、正確に暴き出された事実そのものは、示してもらえば、誰にでもわかることですから、この点で、特に、哲学は科学からいろいろ教えを受けねばならないのです。哲学者がどんなに力んで「人間と動物の違いは道具を使うか使わないかという点にある」と、もし言い張ったとしましても、類人猿が棒でバナナを取るという事実が実験的に示されれば、もはや、議論の余地はないのです。

以上、私は、事実を知るためには、哲学は科学の助けをかりねばならぬということを述べました。しかし、哲学はまた、それの固有の方法である反省ということについても科学の援助を求めねばならないのです。反省とは自分を省み、自分の内へはいってゆくことです。しかし、以前の講義で詳しく申しましたとおり、そのように自分の底を掘り下げるとは、自分の存在を深めるということです。反省とは、単なる意識の問題ではなく、存在の問題です。と、すれば、反省は、ただ心理的、内省的に自分を見るだけでは不十分で、むしろ、外界をよく眺めることによって、かえって自分のほんとうの姿は明らかになるのです。その外界が自然的な外界であるにせよ、社会的な外界であるにせよ、それらをよく知ることが自分というものを、ほんとうに知る所以なのです。外を見ることなくしては、内を知ることは出来ません。このように考えますと、哲学者にとって、自然科学的知識および社会科学的な知識の必要なことは、全く明らかです。こうして、結局、哲学は、それ自身のうちに科学を取り入れなければならないということになるのです。

科学における哲学の必要性

では次に、今度は、科学には哲学が必要であるという問題に移ります。科学の特色は事実を基礎にしているという点にあります。しかし、事実だけでは学問にはなりません。その事実が理論的に説明されること、あるいは、それを説明するための理論をもつことによって、それは科学という学問になるのです。ここに、科学者にも哲学者と同様に深い思索が要求されてまいります。ただ、そのような思索によって生れるアイディアは、科学にとっては一つの作業仮説にとどまります。つまり、それは実験を導くための仮説なのでして、それが実験によって確かめられたとしても、そこから生れる理論や学説も、結局は、与えられた事実を説明する仮説以上のものではありません。しかし、科学固有の方法が分析であり、その分析とは記号による認識である限り、それは当然で、また科学の学説が仮説であるということは科学にとっては欠点ではなく、そこにこそ科学の強みのあることもすでに詳しくお話ししたとおりです。

しかし、科学の学説は仮説で、しかも仮説のままで私達の実生活に有用な理論となるものであるとしても、対象をよりよく私達の支配の下におくためには、出来るだけ対象そのものを知るに越したことはありません。ここに直接的認識としての直観が、科学にも必要になってくるのです。もっとも、直観は哲学の方法でありますから、それを用いることは科学者が、科学の世界を出てゆくことです。しかしそれなればこそ、私は、科学にも哲学が必要であると申しているのです。それよりもここで問題となるのは、「科学の対象には、分析という方法しか適用出来ない」というのが、今までの私達自身の主張であったという点です。そうして、確かに科学が空間性としての物質を対象とする限りは、そこに直観を用いることは許されないのです。しかし、もし物質そのものの底に何らかの時間性、あるいは内的な原動力を認めることが出来るとすれば、それに対しては直観を使用することが出来るはずです。

もちろん、そのようにして直観によって把えられる実在の姿も、科学においては、それが学説化されると同時に、法則として一般化され記号化されます。しかし、その法則への思いつき、つまりアイディアが単なる仮定（あるいは想定）ではなく、事実に即するものであるためには、単なる思弁的な思索を越えて存在そのものに直接に触れる瞬間が科学者にもなければなりません。もっとも実在に触れると申しても実在そのものが無限に深いものですから、科学者が一瞬にしてその最後の、あるいは一番根源的な、実在にふれるとは限りません。むしろ、それは不可能なことで、それに近づくためには、直観そのものが、ますます深まってゆかねばなりません。しかし、この点は科学者だけの問題ではなく、哲学者にとっても同じことで、直観というものは一回限りのものではなく、無限に繰り返されなければならぬものであることは、直観についてお話しした時に、述べたとおりです。問題は、深い浅いの相違はあるにせよ、ともかく直観によって存在そのものに触れることが、科学的認識にも必要であるということ、つまり科学にも哲学的方法が必要であるということです。

しかし、このように申しましても、なお、どうして、そのような「存在そのもの」を把えることが出来るかとの疑問が、科学者から出されることと思います。「知性による分析」と「感覚を最後の手段とする観察」だけが認識の手段であると考える限りは、この疑問は全く当然なのです。しかし、それなればこそ、存在そのものを把えるためには、科学者の用いるそれらの方法とは別の方法である直観という認識方法が必要であることを、逆に主張しなければならないのです。科学者の優劣をきめる一つの重要点はこの直観をもちうるか否かにあります。事実、真に天才的な科学者には何か直観的なもののあることは、科学史の事実に照しても否定出来ないことです。その人達のアイディアはただ頭で考え出されたものではなく、何か実在的なものに触れております。科学の理論の革命的な進歩の際には実在に対する天才の直観が光っています。なお、私は先ほどから科学のうちにも直観のあることを強調してはおりますが、科学本来の方法はどこまでも分析にあることを忘れないでいただきたいのです。

科学にも直観が必要であるとの意味で、科学にも哲学が含まれることは以上のとおりですが、このことは反省ということについても申せます。反省、つまり自己反省は「哲学」を特色づける方法であることは以前にお話ししましたとおりで、実際、科学には、それが対象認識の学問である限り、自己反省ということはあり得ません。春が来たということを知るのに自己反省などする必要はありません。

しかし、科学を科学理論として考える場合には、反省ということが問題となります。と申しますのは一応確立された理論によって、個々の事実を説明したり、それらの個別的な法則を求める場合には、科学者には反省の必要はありませんが、その一般的理論によってはどうしても理解出来ぬ事実が現れた場合には、科学者は、逆に眼を内に転じ、従来の理論そのものが正しいか否かを反省しなければならないからです。ここに本来、対象に関する学問である科学は、一転して自己反省、自己批判の学となるのです。もちろん、科学者の本来の使命はこのような反省的思索にあるのではなく、種々様々な物理現象や、生物現象や、あるいは社会現象を、一般的基本的法則の特殊的形態としてとらえることです。

例えば、地球や火星などの運動がそれぞれどのようなものであるかを、ニュートンの万有引力の法則をもとにして、個別的特殊的に明らかにすることが物理学者の仕事です。ところが、その一般的法則そのものを反省せねばならぬ事態が起ることもあります。例えば水星の近日点——水星が太陽に最も近づく点であります——その水星の近日点の問題が、それまで絶対的と考えられていた万有引力の法則そのものを疑わせるに到ると、そこにアインシュタインの一般相対性理論が必要となるのです。

もちろん、科学はこのような自己批判ばかりしているのではありません。それは、むしろ例外的なこと、あるいは少なくとも稀なことです。しかし、また、それの起ることも事実なのであって、ここに科学にも哲学的反省が必要となるのです。もっともここでは次のような反対が出るかも知れません。それは主に理論的な科学者から出されるものであります。それによれば科学も哲学も理論である限り、その理論の更新こそその学問の進歩であって、ここにはもはや、科学とか哲学とかいう区別はないというのです。

これはたしかにもっともなことです。しかし、もしそれだけが科学であるなら、私達が今までこの講義で詳しく述べてきた実証的な学問としての科学の特殊性はなくなってしまいます。実証科学はどこまでも事実に対する知識の体系であり、行動のための理論でなければなりません。ただ理論だけを求めるのでは、それは哲学（それも悪い意味の哲学）であるか、せいぜい数学であって実証科学ではありません。ただ、事実に関する理論がゆきづまった場合にのみ、今述べましたような、特に哲学的とでも言うべき反省が求められてくるのです。しかし、また、このことは、裏返せば、科学にも最後には哲学的反省が必要であるということを意味しています。このようにして、先ほど述べました、「哲学のうちに科学が含まれる」のとは逆に、「科学のうちにも哲学がはいりこむ」と考えたいのです。

「特殊哲学」の必要性

以上、私は、科学理論の形成に哲学的反省が必要であることをお話しいたしました。ところが、科学には今一つ別の意味で哲学的反省が必要です。それは科学理論の反省ではなく、科学そのものに対する哲学的反省が必要であるということです。そうして、そこにはさらに二つのことが考えられます。一つは「科学一般」に対する反省で、今一つは、個々の特殊科学に対する反省です。個々の特殊科学に対する反省とは、例えば、「物理学とは何か」「化学とは何か」、「法律学とは何か」などということに対する反省で、私は、それは、「一般哲学」に対して「特殊哲学」と名づけてもいいのではないかと思います。一般哲学とは存在とは何かということを考える哲学、すなわち、存在一般に関する哲学であるのに対し、特殊哲学とは、特殊な存在（あるいは現象）についての哲学です。

もっとも、特殊哲学という場合には必ずしも特殊な「学問」に関する哲学でなければならぬわけではありません。「芸術とは何か」ということを哲学的に問題とすれば、そこに芸術哲学が生れ、「道徳とは何か」ということを哲学的に研究すれば、そこに道徳哲学が形成される。その他、「笑いの哲学」「キモノの哲学」「マンボの哲学」など、どんなものでも特殊哲学を成立させることが出来るのですが、私達の今の問題としては、私はそれぞれの特殊科学にはおのおの特殊哲学が可能であり、しかもただ可能なだけではなく必要であると申したいのです。

そのことを実例によって説明いたしますために、私自身に関することを少しお話しすることを許していただきたいのですが、大阪大学では十数年前から「医学概論」という名前で医学の哲学の講義が行われております。これは、病気とか治療とかについての実際的な医学的知識を与えるものではなく、現在の医学を反省し医学という学問の本質を哲学的に研究する学問です。一人一人の病人を実際に治すためには一向役に立ちそうにないこの医学概論は、しかし、医学をほんとうに正しく進歩させるためには、欠くことの出来ぬものなのです。

と申しますのは、例えば、新聞の投書欄などで、私達はしばしば医者に対する不満の声を聞きますし、現在の医療制度や医療行政の問題、また、現在の医学の基礎をなしている生理学の底にある生命論など一度根本的に考え直してみるべき問題は非常に多いのです。ところが、このような医学の根本問題は今までは医学のうちのどの分科どの学科でも研究されておりません。生理学は生理現象を研究し、解剖学はからだの解剖学的構造を研究し、小児科学は子供の病気や治療法を研究するというわけで、「医学とは何か」という根本問題を正面から取り上げて研究する学科はなかったのです。

しかし、医学をほんとうに進歩させ、私達にとってますます有用な学問とするためには、医学の本質や使命を明らかにし、それを正しく導くための医学哲学の必要なことは、極めて明瞭であると思うのです。そうして、このことは、ただ医学だけについて言うべきことではなく、すべての学問について必要なことではないでしょうか。少なくとも大学の学部の種類がある程度には、それらの学問についての哲学がほしいと思います。例えば工学部には工学の哲学が、理学部には科学哲学が、また、法学部や経済学部には、法律哲学や経済哲学がほしいのです。

ともかく、科学には哲学が必要であるということは、二重の意味において言われねばならないのです。すなわち、まず、科学理論の形成に哲学が参加し、さらに、科学そのものの進歩のために、科学の自己反省自己批判としての科学哲学が必要となるのです。

なお先ほど、特殊哲学には二種類あって、一つは物理学とか生物学とかいう個々の科学に関する哲学で、もう一つは、科学一般に関する哲学であると申しました。この第二のものがいわゆる「科学哲学」なのですが、この科学哲学となるとそれは、もはや、単に科学に関する哲学であるだけではなく、一つの認識論であり、その限りでは、それはすでに哲学なのです。と申しますのは、哲学という学問は、大きく分けると存在論と認識論に分けられるのでありますが、科学哲学はその認識論の一部をなしているのです。このように考えてまいりますと、科学の研究はそれを深めてゆけば、そのままに哲学に通じているのです。ともかく、これで、科学は自分のうちに哲学を含むことは十分明らかになったかと思います。

哲学と科学は区別できるか

以上で、今日の問題である二つの点、すなわち「哲学が完全に成立するためには、科学の援助が必要」であり、また、「科学も進歩するためには哲学を自分のうちに含まねばならない」ということは明らかになりました。しかし、このように考えますと、結局、哲学と科学の区別はどうなるのかという問題が残ります。つまり、私達はこの講義の始めには、哲学と科学はあらゆる点で相違することを示し、次に、この二つの学問はどう関係するのかという問題をとり上げて、前回の講義ではそれのいわば外的相補性を認めたのですが、今日はさらにこの二つはお互に内的な相補性をもつことを知りましたので、もはやこの二つの学問は具体的には区別が出来ないように思われるのです。そうして私自身、そのことを肯定したいのです。

すなわち、学問とは哲学と科学を含むものであり、さらに、含むものでなければならないと考えたいのです。ただ、ここで誤解してはなりませんことは、「ほんとうの学問は哲学と科学が一つになったものである」ということは、「哲学と科学は同じものである」ということではないということです。それは「色彩の緑は青と黄色からなっている」ということから、「青と黄色は同じ色だ」とは言えないのと同様です。むしろ、その逆に、「緑」というものをほんとうに知るためにはまず、青を青として、また、黄色を黄色として、純粋に取り出すことが必要であり、次にその二つはどのように結びつくかを調べることが大切でありますが、私達が今まで行ったことは、ちょうどそのことであったのです。

今年の正月、私達はこの講義を、「知識を愛するということ」「学問をするということ」はどういうことかということの考察から始め、それから、学問の二つの形、すなわち哲学と科学についてそれを、その相違の面および相補の面からいろいろ考察してきたのですが、ここに再び「学問」という問題に戻ってきました。そこでこの次には、その問題をもう少し具体的に取り上げてこの講義の結論としたいと考えております。

第六章
真理への意志

前回と前々回には、哲学と科学の相補性についてお話しいたしました。それは一言で申しますと、哲学と科学は互に相補って完全な学問になるということなのですが、私達はその相補性に二種類あると考えたのです。すなわちそれは外的相補性と内的相補性なのですが、それをもう一度簡単に申しますと、まず哲学と科学はいずれも独立した学問でありますが、どちらも一方だけでは不完全で、互に援け合うことが必要であるということです。

しかし、このようないわば外的相補性のほかに、さらに哲学そのもののうちに科学が取り入れられ、また科学自体の中に哲学的思索がはいることによって、哲学も科学も立派な学説となると思うのです。しかし、このように考えると、哲学と科学は二重の意味において互に浸透し合うこととなり、結局、具体的には哲学と科学の区別がなくなるのではないかという疑問が残ります。この疑問に対して私達は、かえってその疑問を肯定し、ほんとうの学問は哲学と科学の両方を含むものでなければならないと結論したのです。ただここで大切なことは、「学問は哲学と科学の両方を含む」ということは「哲学と科学が同じものだ」ということではないという点でした。それは、ちょうど、色彩の緑にもいろいろあって、あるものは黄色の勝った緑であり、あるものは青味がかった緑であるにしても、ともかく、緑は青と黄色から成っているとともに、青と黄色はどこまでも別の色でありますように、学問もあるものは非常に哲学的で、他のものは極めて科学性の強い学問でありますが、ともかく、いかなる学問もその二つを含むとともに、哲学と科学は決して同じものではないのです。したがって、「学問とは何か」ということを明らかにするためには、まず哲学と科学のそれぞれを、純粋な型で取り上げて、その相違をはっきりさせるとともに、次にはその関係をよく調べることが必要なのでありまして、そのために、この講義でもまず第一の分析の坂を下り、次に、第二の綜合の山を登って、ついにこの前の講義の終りに再び「学問」という問題に帰ってきたのです。

そこで、今日はもう一度その「学問」について考えて、この講義を終りたいと思うのでありますが、そのためには哲学と科学の相補性ということを、もう少し具体的に考えることから講義を始めたいと考えます。と申しますのは、今まで、相補性の問題を哲学と科学という二つの「学問」について述べて来たのですが、さらに、哲学者と科学者について具体的に考えることが必要と思われるからです。もちろん、今までも哲学についてお話しする時に、哲学者のことも述べ、科学のことを語る時にも、科学者のことも申したのですが、今日は特にそれらの学者の研究態度について実際的なことを少し問題としてみたいのです。

学者に求められる研究態度とは

まず、哲学者（あるいは哲学を自分でしようとする人）の勉強の仕方から申しますと、哲学がその目的である限り、哲学的問題を深く追求しなければならぬことは言うまでもありませんが、同時に、科学についても出来るだけ知識を獲得するよう努めねばならぬことはすでにお話しいたしたとおりです。しかし、今までお話しした限りでは、その場合の科学の勉強はただ科学者達によって獲得せられた結果を学ぶのであって、自ら科学者として研究することは要求しなかったのです。

しかし、この点において、今日は私は、やはり、哲学者も出来れば自ら科学者としてその研究を行うこと、あるいは少なくとも、何かの特殊科学については、相当専門的な勉強をすることを望みたいのです。もちろん、そうは言っても、哲学者が科学者と同様に専門的な研究をすることは不可能です。しかし、それにしても出来るだけ科学を、単なるアマチュアとしてではなく、専門家的に身につけるよう努力すべきであると思うのです。もっとも、これは極めて当然のことで、ことさら言うまでもないと思われるかも知れません。しかし、私がわざわざそれを申すのは、実はその逆のことが気にかかるからです。

つまり、今までの哲学者、特に日本の哲学者は、一般的に申しまして、あまりに哲学者でありすぎたように思われるからです。いったい、哲学の専門家ということが、だいいちおかしなことで、哲学は万人の学であり、またその内容は他のどの学問よりも具体的、現実的なものであるはずであるのに、自分を専門の哲学者と考え抽象的、一般的な問題だけを取り上げて思索したり議論したりするのでは、哲学本来の意義は失われると思います。もっとも、哲学は「原理の学」である限り、その本質上、個々の具体的事実を越えた一般論でなければならず、その意味で抽象的にならざるを得ないものではありますが、しかし、その一般性や抽象性は、空中に描かれた楼閣であってはなりませんので、ちょうど、正月の空に浮ぶ奴凧(やっこだこ)が、ひもによってしっかりと子供の手に握られておるように、哲学の理論は何か具体的なものに結びついておらなければならないのです。

したがって、もし哲学者が科学を自分の哲学に取り入れようとしますなら、自ら科学者として多少とも専門的な研究を身につけることが必要と考えられるのです。なお、私がこのようなことを申しますのは、実は、科学だけが問題なのではなく、哲学者は何か特殊な具体的なものを自ら身につけることが必要だということを申したいからです。すなわち、自分で数学を勉強するとか、動物を飼ってその生態を研究するとか、あるいは絵を描いたり、彫刻をしたり、山登りをしたり、ともかく、何か一つのことを文字どおり身につけること、すなわち、肉体的に何か専門をもつことが必要なのでありまして、自分は専門の哲学者であるからと考えて、ただ思索ばかりしていてはいけないのです。

ところでこのことは、逆に、科学者に対しても求められねばなりません。と言いますのは、科学がほんとうに進歩するためには哲学的思索が必要であることは、すでに以前の講義で述べたとおりなのですが、その折申しましたのは、科学者が、その専門の研究を推進するための哲学的な思索とか、科学というものについての哲学であって、哲学一般についての知識を科学者に求めたのではありませんでした。しかし、科学者がほんとうに偉大な科学者になるためには、その専門だけにとどまっていてはいけないので、「存在一般に関する知識」つまり、「哲学」を自ら勉強すべきであると思うのです。自分は科学者であるからと考えて、その狭い専門領域に閉じこもり、存在一般とか人生全体とかに対する哲学的理解を深めようとしないならば、その人は一人の科学者となることは出来ても、ほんとうに立派な学者となることは難しいと思います。

先ほど、日本の哲学者はあまりに哲学者でありすぎると申したのですが、その逆に、日本の科学者は——もちろん、一般的に言ってのことですが——あまりにも科学者でありすぎたのではないでしょうか。科学者はもっと大きな気持で哲学に対すべきではないでしょうか。もっとも、日本の科学者のこの欠点は、単に科学者だけに責任があるのではなく、実は従来の日本の理科教育に根本的なあやまちがあったのであることをここにはっきりと申しておきたいと思います。

以上述べたことを要約しますと、哲学者は多少とも専門的な科学的研究に携わるべきであり、科学者は哲学に対しても、関心をよせねばならぬということです。

ほんとうの協同研究のあり方

ところで、私はここで話を一歩先へ進めようと思います。と申しますのは、先ほどから述べてきましたことは、確かに必要なことではありますが、それには限度があるからです。もちろん、それは各人の能力によって違うものではありますが、それにしても、哲学者が科学者と同じように専門的な科学的研究を行うことは出来ませんし、科学者には、また、哲学者と同じほど深く緻密な哲学的思索をする時間の余裕もありません。科学も、哲学も、その研究だけに一生を捧げてもなお足らぬものでありますのに、その上に、さらに他の学問を十分に修めるということは、出来ないことです。では、どうすればいいのか？　ここに哲学者と科学者の協力ということが、現実問題として要請されてくるのです。

もっとも、これの実行方法はいろいろあります。例えば、哲学者と科学者が個人的に一つのグループを作って協同研究を行うことも出来ますし、まず、哲学者は哲学者の学会をつくり、科学者もまたそれぞれの専門に応じて学会を作り、それらがさらに研究結果を報せ合いかつ互に検討し合うという方法も可能です。しかし、要するに、哲学者と科学者が、他を非難することばかり考えず、お互にもっと手をさし延べることが必要なのです。そうして、これは一日も早く実行に移すところにこそ意味があるのでありまして、ただ口で理想を説いてもいたし方のないことです。

幸い、近年、この傾向は日本の学界のあちこちに現れております。しかし、それは現在では、まだ一部のグループに限られておりますので、私は、哲学と科学の相補性について語ったこの機会に一言して、わが国の学問の一層健全な進歩を念願する次第です。なお、私がここで求めておりますのは、諸領域の学者のいわば政治的な連絡や、会議ではなく、どこまでも学問内容におけるほんとうの協同研究のことなのです。もちろん、別の見地からすれば学者の政治的団結の必要なことは言うまでもありませんが。

学問とは何か

話が現実的な問題にはいりすぎました。再び理論的な考察に戻ります。

学問は、今まで細かく述べて来ましたように、哲学と科学の理論的、ならびに、実践的な協力によって進歩し、発展します。しかし、その「学問」というものはいったい人生にとっていかなる意義をもつものなのでしょうか。このことは、哲学と科学の、それぞれの存在理由としては、すでに述べたことなのですが、講義も終りに近づきましたので、ここにもう一度学問一般として取り上げて、それの人生における価値と意義とをはっきりさせておきたいと思います。

と申しますのは、世間一般の人々から見れば、「貧しい生活に甘んじて、しかも自分だけではなく自分の家族をさえ、その苦しい生活に陥れながら、何を好んで朝から晩まで本ばかり読んでいるのか」という疑問も出るでしょうし、また、「ぼろぼろの実験着を着て、研究室に泊り込んでまで、重箱の隅をほじるような研究に没頭する人の気が知れぬ」と言われるかも知れないからです。私は世間の人達のこのような、多少嘲笑をさえ含んだ疑問が一概に間違ったものであるとは思いません。人々は、皆自分の生き方をもつべきなのですから、何もすべての人が学者にならねばならぬというものではありません。むしろ、それは無駄なことです。ただその素質において選ばれた人だけが、学問に専念すべきものなのです。しかし、それだけに、また、学問に命を捧げている人達に対しては、その研究が十分成果を上げるよう、国家がその生活を十分保障すべきものなのです。

それはともかく、すべての人が学者になるのではありません。しかしながら、また、アリストテレースも申しましたように、「人間は、本来、知ることを欲する」のです。知識への愛着は、人間がこの世に生れるとともに背負わされた運命であり、パッションです。真理への意志！　これは人間の最も人間的な情熱なのです。どこからともなくこの世に生み落され、どこへともなく消えてゆく私達人間は、動物のようにただその運命に翻弄され、大海原に漂う小舟のように、あてどもなく流されることに堪えられないのです。自分がどんなに「か弱い」ものであろうとも、その自分が何であるかを知らずにはおれないのです。その場合、自分を知るとは、自分の根底にある生命そのものを自覚することであり、それはさらに存在の根本原理を知ることです。触れれば消える春の雪のように、もろく、はかない人間は、しかしその存在の根源を知ることによって、その生死の上に出るのです。仏陀やキリストの求めたものもそのような真理でした。その真理とは、変化流転を超越して固定したものではなく、それらの変化や、存在の多様性をなりたたせている根拠です。真理とは、偶然性や、非合理性や、虚偽や、例外を排除して、超然と高嶺に咲く花ではなく、どろ沼のような現実を、現実として成り立たせている「存在の原理」です。それは原理というよりも、根源的事実です。そうしてそれこそ哲学者が存在と言い、真理と呼ぶものです。そうして、その存在の赤裸の姿を知性によってあばき出そうとすることこそ、「学問をする」ということなのです。

「存在と知性との食うか食われるかの血みどろの闘い」と私が第一回の講義で申しましたのも、そのことです。これは、もはや、概念の遊戯ではなく、有閑人の閑つぶしでもありません。私達人間が、この世に生れたことに何らかの意味があるとしますなら、それこそ、このような存在をあばき出し、それによって私達を生み、殺し、そうして、今現に私達を存在させている、その存在を、かえって、私達の知性の中に包み込むことではないかと考えるのです。

では、その存在とは何か。しかし、これは哲学が解決すべき問題——そうして、私達がすでに明らかにした用語に従えば——学問の仕事です。すなわち哲学と科学が協力して解明すべき問題です。しかし、この講義の目的は、そのような哲学的な問題を研究することではなく、学問というものを哲学と科学を巡って、明らかにすることでありました。したがって、哲学と科学を、その相違と相補の二つの面から取り上げて、「学問とは何か」ということについて、ともかくも、一つの見解を得た私達は、ここで、この講義を終えるべきでありましょう。

「学問」の最後の目的

しかしながら、実は、「学問」ということ自体について、今一つ問題が残っています。私達が今まで行ってきましたのは、学問というものの内容を明らかにすることでした。ところが一つのものをほんとうに知るためにはその「内」を知るだけではいけないので、同時にそれと「外」のものとの違いをはっきりさせることが必要なのです、ちょうど、西洋の料理を食べてみて、はじめて日本料理のほんとうの味がわかりますように。では、学問にとって「外のもの」とは何か。

それは、「理論」に対する「実践」であり、「学問」に対する「道徳」です。私達は、今まで、「学問」すなわち「真理への意志」こそ、人間における最も人間的なものであることを述べてきたのですが、しかし、人生の尊さは決して単に学問することにあるのではなく、「生きること」しかもただ「生きる」ことではなく、よく生きることにあります。では、「よく生きる」とはどういうことなのか。「善」とは何か。しかし真理についてさえ、語ろうとせぬこの講義では「善とは何か」ということについて深く考えてみる余裕もありません。ただ、繰り返して申したいことは、実践は理論よりも尊いものではありますが、実践はそれがただ実践であるから尊いのではなく、正しい実践だけが賞讃されなければならないということです。そうして、その正しい実践の基礎となるものこそ「理論」なのです。「学問」の最後の目的もそこにあります。学問の存在理由はただ存在の根源をあばき出すことにあるのではなく、存在の大地の上に、しっかりと足を踏みしめてこの人生を堂々と歩むためです。白日の下に生きるためです。そうして、もし、現在の歴史があやまった歴史であるなら、それを正しい真理に従って創造しなおそうとするのが、学問の存在理由であります。そこから、理論は実践へと移ってゆきます。

このように考えますなら実践、あるいは道徳の尊さはどこまでも実践することにあって、理論にあるのではないということも、見逃してはなりません。口で実践を説くことではなく、自身体を動かすことこそ尊いことです。道徳にとっては、口で遠大な理想を論ずるよりも、どんな平凡なことでもそれを実行する方が尊いことであり、難しいことでもあります。道徳とは、他人に命ずるものではなく自分で実行するものです。道徳的な巨人に対して私が思わず頭を下げるのは、その理論に対してではなく、その偉人が身をもって行ったその生き方に対してです。私達は、そこに始めて生きることのほんとうの尊さと厳しさをひしひしと感ずるのです。

美を通して真理に至る

ところで、この厳粛な人生に、暖かさと、うるおいを与えるものがあります。それは「美しさ」というものです。真と善に対する第三の価値として、「美」の意義がここに認められねばなりません。ここでも「美」とは何か、ということが問題となりましょう。しかし、それもこの講義のテーマではありません。ただ学問との関係、いや、むしろ、真理との関係において美を語りますと、美は一面において真理の結果であるとともに他面、それは真理への道でもあります。美が真理への道であるとは、私達は「美しいものを通して真理に至る」ということです。これは単に哲学の領域で言われるだけではなく、科学の世界でも言い得ることです。科学者は無限に雑多な現象に理論的統一を与えようとするのですが、その統一をもたらすアイディアは「美」を手引きとして発見されるのです。その意味で科学者は、同時に美の探究者です。

では、「美は真理の結果である」とは、どういうことなのか。それは、真理こそ、何ものにも優って美しいものであるということです。美は真理の上に咲く花です。真理が深まるほど、美も一層美しさを増します。

なお、先ほど、「美とは何か」という問題を出しながら、私達はすぐその問題から身を引いたのですが、それは、この問題が、この講義の主題ではないということの他に、もう一つ別の理由があったのです。というのは「美とは何か」ということを、難しく議論するよりも、美しいものを美しいと感ずることの方が尊いことであると私には思えるからです。理屈や議論の好きな現代人は「美学」という学問には興味をもちながら、秀れた絵画や音楽の美しさをほんとうに感ずる力が案外少ないのではないでしょうか。ことさら芸術品と限らず、あらゆるものに美しさを感ずる感覚や情操には、欠けていることが多いのではないでしょうか。しかし、芸術の世界で尊いのは美そのものであって、美の理論ではありません。それは、道徳において尊いのは、善の理論ではなく、それの実践であるのと同様です。

　では、どうしたら、美を感得することが出来るのか。美というものは、単に対象の事物にあるのではなく、それを眺める人の心にあるのです。魂の深さが、普通の人には平凡と見えるものにも美を見出させるのです。道ばたに落ちている一片の木ぎれにも、美しさはあるはずです。一つのものを美しいと感ずるか、否かは、それを見る人がどれだけ深く人生を眺め、どれだけ深く存在に触れているかにかかっています。「美は真理の上に咲く花」と申しましたのは、その意味です。

　もちろん、そのような美はただ華かな美しさではありません。多くの外国人は日本の自然の美しさを賞讃しながら、日本の家の屋根瓦が灰色であるのを残念がりますが、フランスの詩人ポール・クローデルは、瓦の色の美しさを讃(たた)えております。真理は非合理性をも含むものであるように、深い美は醜いものの奥にも見出されます。すべては、見る人の魂の問題であり、その人がどれだけ深く存在の根源に触れているかにあります。ほんとうの存在をとらえることは、最高の美を発見することです。その意味において、真理への意志は同時に美しいものへの憧憬(あこがれ)でもあると考えられるのであります。

第七章
哲学と個性

L'uniformité. c'est la mort.（H. Poincaré）
——画一性。それは死である。（アンリ・ポアンカレ）

哲学というものは、程度の差はあるにしても、すべて個性をもっている。これは歴史的事実である。科学にあっては理論は一般的であって、格別の場合を除いては、誰の物理学とか誰の生理学とか言われないが、哲学では常にプラトーンの哲学とか、カントの哲学とか、ベルグソンの哲学などと言われるのは、哲学には本質的に個性的な性格があるからであろう。

このことは体系自体についても言えることである。例えば、ヘーゲルの哲学体系はそのどの部分をとってもヘーゲル的思想の表現である。丁度、桜はその幹でも葉でも花でもすべて桜であるように、秀れた哲学体系にはその哲学の個性がいかなるところにもにじみ出ており、その哲学者の著述のどの頁にもそれが感得される。このようにして、哲学が個性的であることは事実として否定できないことである。

では、哲学は何故個性をもつのであろうか。この問に対しては三つのことが明らかにされねばならぬ。即ち、㈠個性とは何か。㈡哲学とは何か。㈢何故哲学は個性をもつか。

一　個性とは何か

個性とは何か。個性とは、まず、単一者ということである。一つであるというのが個という言葉の第一の意味である。一つであるとは不可分ということである。しかし、個とはただそれ一つが存在するということではなく、多数における一者である。個々ということがあってはじめて個という概念も成立する。個物という言葉はこの意味で用いられる。しかし、個性というのは単に同一なものが多数にあるということではなく、一つ一つ異っているということが個性には必要である。個物は量的多数であるのに対して、個性とは質的多数の上に成立する概念である。そこからして、真に個性的なものは唯一者であり、独自的である。オリジナリティのないところに個性はない。その意味において、主体的なものは個性的である。しかし、個性が主体的であるとは、主観的とか独断的とかいうことではない。個性的とは、質的な多数者が各自独立者でありながら、しかも相互に相通ずるものをもつものでなければならぬ。深い個性は万人を感動させる。個性はそれぞれ小宇宙であり、小宇宙は大宇宙をその個性において表出する。しかし、小宇宙が大宇宙を表出するとは、小宇宙が一方的に大宇宙に隷属することであってはならない。真の個性は神にも叛(そむ)きうるものと考うべきである。ただし、それは大宇宙の単なる破壊ではなく、破壊を通じて新しい宇宙の創造に参加するものである。個は全の表出であるのみならず、全の代表者でなければならぬ。個性は創造する。

二　哲学とは何か

哲学とは何か。哲学という学問の対象は存在の全体である。物理学は物質を研究し、生物学は生物を研究し、また、動物学、植物学、経済学、法律学などすべて科学は特殊な現象をその研究対象とするのに対して、哲学は存在の全体を対象とする。ただし、ここに言う存在の全体とは、個々のものすべてという意味ではなく、一切を全体的統一の原理においてとらえるということである。哲学は知識の最高統一の学である。次に、哲学という学問の方法は反省である。科学が成立するためには、まず、対象 Gegenstand, object が必要であり、科学はその対象の観察の上に形成される。科学はどこまでも実証科学でなければならぬ。それに対して、哲学は常に自己を見る。哲学の方法は反省である。哲学とは自覚の学であると言えよう。

上述のように哲学の対象は存在の全体であり、その方法は反省であるが、これは存在全体を対象とするためには、その観察者自身も存在の一部であることからして、ここにおいてはもはや外からの観察ということは不可能となって、おのずから存在の自覚という反省的方法がとられざるを得ぬからであり、他面、存在の自覚ということが徹底的に行われるためには、当然存在全体が反省の対象とならねばならぬからである。存在全体の学は反省の学であり、反省の学の対象は存在全体である。ただし、ここに特殊哲学と一般哲学を区別することは可能である。特殊哲学とは或る一定の存在に関してその存在の全体を反省的に考究する学である。例えば、歴史哲学とは多様な歴史現象を歴史一般として全体的に反省する学であり、科学哲学とは科学というものを全体的反省的に研究する学である。これに対して一般哲学とは、これこそあらゆる存在を全体的反省的に考えるもので、哲学とは存在論であると言われるのもその為である。もっとも、特殊哲学は最後までその立場にとどまることは出来ず、徹底すれば一般哲学すなわち存在論に至らねばならぬものである。

三　何故哲学は個性をもつか

個性的でありながら普遍性をもつ

「個性」及び「哲学」を以上のように解することがゆるされるとする場合、それでは何故哲学は個性的となるのであろうか。

まず、哲学の対象と個性の関係について考えてみよう。哲学とは、上述の通り、存在の全体の学であり、その全体の学とは、全体を統一的原理においてとらえる学である。従って、すべての哲学説は、少なくともそれが存在論として一つの体系を構成している場合には、必ず一つの根本原理をもち、その原理の上に存在の諸現象が統一的に説明される。もっともその統一原理が真に存在の原理であるか、単なる概念構成であるか、その原理が具体的であるか抽象的であるか、また、その原理が果して存在全体の原理であるか、実は部分的原理にすぎないかの別はあるにしても、その哲学説としては、いずれもそこに一つの小宇宙を形成する。そこからして、すべての哲学説は独自的個性的となるのである。それは丁度シャボン玉の様に、一つ一つ、一つの宇宙を表出しながら、あるいは大きくあるいは小さく、或る者は一元論として、他のものは二元論や多元論として、あるいは唯物論や唯心論として、あるいは更に、例えば同じ実存主義という名で呼ばれながらも、キェルケゴールとハイデッガーとサルトルとカミュはそれぞれ独自のニュアンスを漂わせて、一つ一つ個性のある体系を示すのである。

しかしながら、既に述べた様に、個性的とは単に一つ一つということではなく、またただ多種多様ということでもなく、いずれも唯一者でありながら、相互に相応ずるということがなければならぬ。この意味の客観性なくしては、哲学説は独断説か、単なる個人の思いつき imagination individuelle に過ぎぬこととなる。これこそ重要な問題なのであるが、この点はどうなっているのであろうか。事実上、哲学的独断説や哲学というよりも文学ないしは詩とでも言うべき人生論や世界観がないわけではない。しかし、真に哲学の名に価する哲学体系はそうではない。それらは科学的な一般性 generality はもたないながら、万人に通じる普遍性をもっている。正にそれこそ哲学的個性である。それは、偉大な哲学者の哲学はいずれもその個性の立場において存在そのものに触れているからである。同一物を青い眼鏡で見るのと緑の眼鏡で眺めるのでは、違った色彩となる。ネガフィルムとポジフィルムでは正反対である。しかし、眼鏡自体がどのように異るとしても、それによって対象自体が正しく見られているならば、映し出される風景には対応があるはずである。一見全く異る二つの偉大な哲学説には、一つの学説から発する二つの亜流（エピゴーネン）間の下らぬ対立よりも遥かに相通ずるものがある。外見的に相容れぬ二つの偉大な哲学説は、座標を転換すればそのまま他に置換されるのである。山脈の両側に流れる二つの川の源は一つである。問題はただいかに深く存在の根源をつきとめるかに懸っている。しかし、この点を明らかにするためには、哲学の方法と個性の関係を更によく検討することが必要である。

哲学の方法は反省であり自覚であると我々はさきに述べた。しかし、実は、反省と自覚とは直ちに同一なのではない。反省とは自分を批判することであり、自己を否定することであるのに対して、自覚とは自己を発見すること、自己を肯定することである。従ってまた、すべての自己反省が必ずしも真の自己を発見させるものとは限らない。哲学の方法の秘密をあばこうとする者は、この点の解明に力を尽さねばならない。

自己反省

いったい反省とは自己批判であり自己否定であるとは何を意味するか。それは自分の現在の知識への無条件的信頼を棄てて、それの根拠の不十分さを自ら暴露することである。それに対して、自覚とは、そのような脆(もろ)い自分の知識を敢然と崩壊させることによって、ほんとうの自分の根拠を発見することである。この場合大切なことは、反省は認識論的であるのに対して、自覚は存在論的でなければならぬということである。勿論、自覚ということも認識論的に不可能なわけではない。しかしそれではその思索は観念的であり、そのような哲学体系は現実の生を支えるのには無力である。哲学とは我々に生きる力を与えるものであると私は考えたいのであるが、もしそうとすれば、知識の根底は存在そのものの上に求められねばならぬ。ただし、存在論的に発見せられた自我の土台も、一旦発見せられるや、それ自体、一つの知識となる。従ってそれは直ちに自ら自己反省の対象となる。否、あくまでも真実を求めてやまぬ哲学的精神は、それを更に自己反省の対象としなければならない。このようにして、認識論は存在論に、存在論は認識論へと無限に反転してゆくのが哲学である。認識論と存在論は別々にあるものではない。そうであってはならないのである。

直観によって原理をとらえる

さて、以上のようにして、哲学的自己反省を通じて真の存在は自覚されてゆく。しかし、さきに一言した通り、自己反省は必ずしも存在の自覚を生むものではないのである。むしろ、知識から存在へ通ずる橋はないのである。我々がどんなに思索したとて、存在は平然として、否、冷然として、対岸に聳(そび)えているのみである。その対岸に渡るためには、自己を放棄して飛躍するほかはない。直観とはこのことである。無論、ここにいう直観とは語源的な意味での直観である。intuitio である。外から眺めることをやめて、自らそのものとなって内から同感することである。ロゴスによって考え出すことではなく、パトスによって存在と共鳴するのである。反省と自覚を結ぶものは直観にほかならない。愛情のないところには哲学はなく、真理の認識もあり得ない。

要するに、真に直観するとは、このような存在の直観をもつことである。あるいは更に正確に言うならば、現象をして現象たらしめている存在の原理を直観することである。原理とは現象可能の根拠である。科学的法則とは多様な諸現象間の関係を統一する一つの仮説であるのに対して、哲学的原理とは存在自体の存在根拠であり、いわば現象発現の源泉である。すでに現象したものはその現象の法則に従って展開されるほかはない。真に現象を支配するためにはそれの源泉を制することが必要である。川の流れを真に制御するものは堤防ではないのである。

しかしながら、原理なるものはどうして把握することが出来ようか。いったい原理などというものが存在するのであろうか。科学の立場から言えば、原理をとらえる方法はなく、法則のほかに原理などというものを考えることさえ不可能である。しかし、それは科学が外からの立場に立つからである。その立場を棄て、存在を内から見る立場に立つならば、存在の原理の会得は不可能ではない。原理とは根源的事実であり、根源的事実を把握させるものは主客未分の純粋経験である。直観とはそのことである。ただし、真の根源的事実を把握することは容易ではない。むしろ不可能と言うべきであろう。哲学の仕事はどれだけより深く事実の根源に迫り得るかという点にある。従って直観も一回限りではない。絶対者なるものがあるならば、一回限りの直観によって、最後の、最奥の、根源的事実をとらえるであろう。しかし人間にはそれは出来ない。

ともかく、程度をみとめる限り、直観による存在の原理の把握は不可能ではない。偉大な哲学者はそれを行ってきたのである。歴史に輝く哲学体系はその思想的巨人の直観の上に築き上げられた精神的宮殿なのである。哲学は学問である限り理論の体系をもたねばならぬ。単なる哲学的な思いつき philosophischer Gedanke は未だ哲学ではない。しかし、そのような豪壮な思想の建築は、その哲学者が自己の底において存在に触れた感動の迸(ほとばし)りなのである。哲学者は努力して論文を書くのではない。書かずにはおれないのである。努力して書く論文、強いられて書く論文が世間からも学界からも消え去るとき、はじめて哲学は誕生するであろう。そうして、その哲学は一つ一つ美事な個性を示しながら、しかも存在の真の姿を、その哲学の論理において展開するであろう。論理が存在を体系化するのではなく、存在が論理を展開するのである。論理は直観のなきがらである。

しかし、そうは言っても、哲学にとって直観の論理的展開は副次的なものというのではない。論理のないところに哲学という学問はない。ここにおいて直観の概念化が要求せられ、更にその概念の体系化が試みられねばならない。哲学の理論の整合性が問題となるのもこの所である。そうして哲学者が美を求めるのも此処(ここ)である。なぜなら、美とは調和であり、理論の調和なくしては揺ぎない体系もあり得ないからである。哲学者が論文の美を求めるのは技巧のためではない。論述の美の追求はそのまま真理の探求なのである。このような意図なくして論文の単なる技巧的な美に心を労するなら、それほど非哲学的なことはない。哲学の求めるものはどこまでも実質である。技巧と形式のいわば女性的な美に心奪われることなく、ひたすらに存在の素朴に徹する強靭、剛毅な思索こそ哲学するということである。

存在の論理

以上において我々は哲学とは存在の根源的事実の直観の論理的体系化であることを述べた。ここまでも直観から論理へである。しかし、哲学がもし直観から出発するとすれば、いったい哲学と文学の間には如何なる相違があるのであろうか。実は、哲学とは、直観から論理へであると共に、論理から直観へでもあるのである。そのことを明らかにするためには、まず、論理とは何かについて考えてみなければならない。

私は論理と言われるものに三つの型があるように思う。一つは我々の精神が従う法則の学であり、他は我々が外界を認識する法則の学、そうして今一つは存在自体の従う法則の学である。第一のものは subject の論理、第二のものは subject と object の結びつきの論理、第三のものは subject=object 未分の論理である。いわゆる形式論理とは第一のものであり、第二のものがいわゆる認識論であり、第三が存在論としての哲学である。もっともこの論理の三形態は多分に形式的な分類であって、具体的には三者は一つに統一されねばならぬ。なぜなら、既に述べた通り、まず存在論と認識論は不可分であると共に、認識論はまた精神自体の法則を無視しては成立し得ないからである。しかも、精神というものも存在の一部である以上、精神の法則としての形式論理もまた存在論の上にのみ十分な根拠づけを得るものである。

では、存在の論理とは何か。いったい、知識というものはすべて問に対する答という形で形成されてゆく。従って知識は問の問い方によって色々な姿を示す。ところで、問には少なくとも三つの形が可能である。一つは「何か?」What? 他は「何故に?」Why? 今一つは「如何に?」How? である。「何か?」と問うのは、問題の事物や事象が何であるかを尋ねるのであって、それに対しては、「それは花である」とか、「それはスミレの花である」とか答えることによって、問う者は一つの知識を得るのである。この様な知識は未知の対象を既知の概念に入れることによって成立する。

しかし、すべての対象が既成概念で把握されるとは限らない。そこからして、必要な場合には、逆に概念自身を新たに形成しながら対象の本質つまり真の姿を求めてゆくのである。しかし人間の知識は「何か?」という問だけでは満足しない。丁度、見るものごとに「あれ何?」「あれは何?」と問う幼児が、知能の進むと共に「なぜ夜は暗いの?」「なぜミルクは白いの?」「なぜ鳥はお空を飛ぶの?」と問い出すように、人間は「何故に?」との問を発するのである。それは「何か?」というのが存在の本質に対する問いかけであるのに対して、存在の理由づけを求めるのである。しかし存在の本質に対する第一の問に対しても、存在の理由づけに対する第二の問に対しても、完全な答の不可能なことを知った人間は、そこで「如何に?」という第三の問を発するのである。即ち、そこでは、対象の本質 essentia についても根拠 ratio についても、問うことをやめ、ただ現象が「どのように」現象してゆくかを現象に即して明らかにしようとするのである。これが科学の立場であることは言うまでもなかろう。

さらに、これで話が終るのではない。問題は現象間の関係であるとしても、その現象間の関係を出来るだけ正確に、根本的に知るためには、現象を出来る限り本質的にとらえることが必要である。従って、第三の問は第一の問を自分のうちに含まねばならないのである。しかも、その第一の問には「何故に？」という第二の問が含まれねばならぬ。なぜなら、対象の「何？」に対して一つの答が与えられるとしても、その答が果して正しいか否かは更に問われねばならぬ。ここに「何故に？」という問も必要となる。このことは次のようにも言えるであろう。すなわち、対象をまず知らせるものは感覚である。しかし、感覚は本来行動のためにあるのであって、認識については正確を期し得ない。そこからして、物の正しい認識には知性の参加が必要となるのである。ここに第二の問が生ずるのである。

このように考えるなら、「何故に」という問は「如何に」という問によって完全にとって代るべきものではない。「何故に？」と問うこと自体が間違いなのではなく、この問に対する答え方が問題なのである。元来「如何に」という問も、実は、「何故に」という問に対する一つの答え方なのである。つまりこうである。即ち、「何故に？」と問うことは、「何故なら」という答を求めることである。ところが、この「何故なら」という答は色々な形で示されるのである。例えば、「なぜ夜は暗いの？」という問に対して「みんながお寝んねするためよ」と答えることも出来、「太陽が地球の裏側にあるからだ」と解答することも出来る。前者が目的論的説明で、後者が因果論的説明であることは言うまでもない。科学者が「何故に」という問を嫌って、つねに

「如何に」と問うのは「何故に」という問には目的論的な匂いが強いからであり、それを避けて因果論的解答を求めるために、現象の前後関係を明らかにしようとして、「如何に」と問うのである。そうして科学というものが行動のための知識である以上、科学者がこの因果律の立場に立つことは正当なことである。

しかしながら、「何故に?」という問に対して答は因果論的解答と目的論的解答の二つしかないのであろうか。私はそうではないと思う。いったい、目的論的説明とは主体中心の説明であり、因果論的説明とは主体を消した純客体的な説明である。従ってもし主客未分の存在があるとすれば、そこにはまたそれに応ずる説明が可能である。否、単に可能なだけではなく、その様な主客合一の存在の正しい理解は、それ独自の説明方法によってのみ正しく成立しうると言わねばならないのである。我々が先刻より存在の論理と述べてきたものは、正にそのようなものである。何故なら、我々にとって存在とは単に対象的なものではなく、対象を認識する主体自身をも含めた存在の全体であるからである。なお、このことは認識論的に言いうるだけではなく、存在論的にもそうである。我を無視して宇宙を説いても、歴史を論じてもそのような哲学は抽象論にすぎない、世界を忘れて自我のみを省察する哲学が非現実的であるのと同様に。

存在の論理とは如何なるものであるかは、以上述べたところによって、一通り明らかになったと思う。では、このような存在の論理はどのようにして形成されるのであろうか。

存在の論理はつねに自我から出発する。そうして己自らを知るのが存在論の目的である。（我々にとって存在の論理は即ち哲学である。従って以下我々は場合に応じて、あるいは存在の論理という言葉を、あるいは哲学という言葉を用いるであろう。）しかし、この二つの句はそう簡単に結びつくものではない。色々複雑な問題がそこには潜んでいる。よく考えてみなければならない。

自我から出発するということから考えると、それは、まず、哲学はつねに主体的でなければならぬということである。丁度、子供の作るシャボン玉はその子供の吹く息から始まるように、哲学には主体、あるいは自我が必要なのである。ここに哲学が個性的である一つの理由がある。自我のないところに真の哲学はないのである。

次に、自我から出発するとは、対象的に、存在の論理の出発点は自己であるということである。哲学というものはどこまでも自己の問題なのであって、他人事であってはならない。他人の問題をも自分の問題として取り上げるのが哲学である。しかし、そのようにして自己から出発するということは、ただ自己を拡大するということではない。そうではなくして、自己から出発して自己ならぬものに向うということである。それは言い換えればその自己を放棄するということである。というのは、我々は日常的には自己を失った生活をしているからである。日常生活の自我は真の自己ではなく、誰でもいい「我」、誰にも共通な我、その意味でどの我とでも置き換え得る我である。勿論、社会生活が可能なためには、このような我、すなわちあるいは法律的に規定づけられ、あるいは社会的に肩書きづけられ、また種々様々なグループの一員としての我が必要である。しかし、人生はそのような日常的な自己だけで暮し通せるものではない。人生には必ず異常な事態が突発する。否、非常こそ人生の常である。そうしてその時ひとははっと「我に帰る」。思えば自我とはただ一人なのである。どのように堅固に見える社会的地位も、どれほどしっかりと結ばれた愛情も、蜘蛛の糸よりも更に無力な絆にすぎない。人間は、ひとりびとり、ひとりぼっちで奈落の底に落ちてゆくほかはない。人間は一人一人絶対的に孤独なのである。自分と共にあるものはただ自己のみ。一体自己とは何か！

一旦この厳然たる事実に直面する時、日常的な自己は愕然として我に帰る。哲学は驚きから始まるとは常に言われることであるが、その最も大なるものは自我の存在に対する驚きである。我とは何か！　それはもはや誰のでもいい抽象的な「我」ではない。ただ一つの、唯一無二の我である。己を知るとはこの自我を知ることである。「己自らを知れ」という言葉の生々しさを感得しなければならない。

では色褪せた、日常的な、一般的な、抽象的な自我から、命の溢れた唯一の、一回限りのその自我にはどのようにして至りうるのであろうか。そのためにはいわば日常生活の表面で営まれている世間的なもの、万人共通のもの、一般的なものを一つ一つ脱ぎ棄てて、自己の内部に沈潜しなければならぬ。平穏無事な事柄に甘えることなく、自分の痛いところに敢然と触れねばならぬ。

自己の底へ底へと自己を掘りさげねばならぬ。自己に帰るとは甘い感傷ではなく、仮借なき自己直視である。このようにしてのみ真の自我はあばき出され、自我は自己の根拠を発見する。そうして、自己の根拠を見出し得た者のみが安らかに生き、静かに死にゆくことが出来よう、何ら思い残すこともなく。

一言にして言えば、自己を知るとは自己を純化することである。自己を純化するとは、自己ならぬものを一切脱ぎ棄てることである。日常の自我は生きているのではなく、生かされているのである。自己を純化するとは「生かされている自我から生きる自我へ」ということである。

しかし、自ら生きる自我とは何か。我々は実際は生かされていながら自ら生きると自惚(うぬぼ)れているのではないか。では、その自ら生きると自惚れる自我を真に生かしているものは何か。自己を知るとは実はそのような自己の根拠を知ることでなければならぬ。その意味では自己を知るとは自己が自己でないことを知ることである。自我を成り立たせているものは単に思惟するものではなく、感情であり、意識であり、身体であり、生物であり物質であり、社会であり、歴史である。一言にして言えば自我を成立させるものは存在自体である。だからこそ自己を知るとは存在を知ることであるというのである。このように考えるなら、我々は先刻来自我を知るためには、いわば外から内へ、周辺から中心へと求心的に巻き込まねばならぬことを述べて来たのであるが、そのためには逆に中心から外部へ、内部から表面へと、存在全体を求めて遠心的な運動を行わねばならないのである。しかし、その存在は日常的な未自覚的な自我にとっては外なるものである。

その外なる存在が実は自己であると知るのが真に自己を知るということであり、それが存在の自覚なのであるが、それを知るのは自覚が行われて始めて言えることで、未自覚的な自我にとっては存在はどこまでも外なるものである。従って、未自覚な自己にとってはそれはただ外からより知り得ぬものである。とするならば、内を知ることは外を見ることによってのみ可能なことである。哲学者は科学を尊ばねばならぬ。

ただ、しかし、科学は外からものを見るのみである。また、科学は局部的にしかものを知らない。哲学の仕事はその外なる現象を内なる存在としてとらえ、また局部的な事象を全体的存在の局所的表現として会得する。存在を知るために科学は絶対的に必要である。しかし科学的知識は哲学を生むには十分な条件ではない。哲学的直観のないところには真の哲学はないのである。

存在の論理としての哲学はどのようにして形成されるかを、今我々は語った。それをさらに要約すれば次の通りである。すなわち、哲学は常に自我から出発し、真実なる自我を知ろうとする。そのためには非我あるいは存在を知らねばならぬ。というのは出発点である自我は実は真の自我ではなく、非我が却って自己の可能の根拠であるからである。その意味において、自我は非我を通じて自己を自覚する。ただここで注意しなければならぬことは、その非我はいわば単に触媒的な役割を果すのではないということである。そのように非我を考える限り、その哲学は観念論にとどまるほかはない。そうではなくしてその非我こそ自我の真の存在根拠なのである。しかしながら、さきにも述べた通り、存在を自己として自覚するのは自覚した自我において言えることであって、未自覚な自我においては存在はどこまでも非我であり、他者である。他なるものを自己として知ることはどうして可能なのであろうか。そこに存在の直観が必要となるのである。さきに、反省と自覚を結ぶものは直観であると言った所以である。しかし、自我の反省がどうして存在の自覚を導きうるのであるか。我々はこの点を更によく考えてみなければならぬ。そのためには、一般的に認識はいかにして形成されるかを検討してみることが必要である。

いかにして対象を知るか

対象に関する知識はすべて外から与えられる。けれども、その対象に関する知識が成立するためには、単に外にものがあるというだけでは不十分で、我々にそれを受けとる能力が必要である。では、その受けとる能力さえあれば、我々は鏡がものを映すように正確に対象を知りうるであろうか。実は、鏡でさえ外物を完全に知らせるのではない。鏡はただ鏡に面した対象の側面だけを映すのみである。対象を完全に知るためには能動的に対象にはたらきかけねばならぬ。しかもそれはただ鏡自体が物の周りを廻るだけではなく、対象の或る一面だけの認識においても、単に受動的に受け入れるだけでは不十分で、能動的積極的に対象に迫ってゆくことが必要である。対象は単に形をもつだけではなく、色もあり、香もあり、味をももっている。その対象を正しく知るためには、認識主体は自ら視覚も嗅覚も味覚も触覚もはたらかせねばならぬ。更によく注意し、区別し、比較し、綜合し、判断し、推理しなければならぬ。つまりものを知るにはただ感性的に受け入れるだけではなく、理性的に考えねばならぬのである。人間は本来あやまちを犯す存在者である。そこに人間の弱さがあると共に強みもある。勿論、今我々が問題としているのは道徳的な問題ではなく認識に関することであるが、その認識においても我々は常に過つのである。その過ちを避けるためには、自分の獲得した知識が果して正しいか否かをよく考えることが必要である。

いったい、考えるとはどういうことであるか。一つの事物の認識ということに限って、考えるとはどういうことであるかを考えてみよう。或る事物についてAという知識を得たとしよう。しかし、その知識が果して正しいか否か。今、私はそれをAと思っているとしても、実はそれはBであるかも知れず、Cであることも不可能なことではない。考えるとは、現にあるもの、あるいは現に何かであると思っているものを、あるいは他でもありうると想定してみることである。考えるとは現実を可能におくことである。

ところで、その可能性は無限に可能である。その無限な可能性を考えることは精神にとって非常な努力の要ることである。しかも一つの対象を正しく認識するとは、その対象の一面のみを知ることではなく、あらゆる面を知ることでなければならず、そこには、それぞれ無限の可能性がある。しかもその対象を知るとはそれぞれの面の無数の可能性を数え上げることではなく、それを一つに組み合せることでなければならぬ。そこにも無数の可能性がある。それのみではない。

その対象はそれ以外のものとの関係においてのみ存在するとすれば、それについても無限の可能性が考えられる。木陰の小径(こみち)につつましく咲く菫(すみれ)に我を忘れても、はっと気づけば樹の間を通して頭上には大空が輝いている。あれを考え、これを思い、しかもそれを一つに統一せねばならぬ。それは何と精神の努力を必要とすることであろう。精神の極度の緊張なくしては、それは不可能である。

しかも問題は可能性の可能性を考えることではなく、無数の可能性をただ一つの必然性にもたらすことである。角張った多辺形を円の連続に結ぶことが必要であり、周辺を中心の一点に凝縮することが求められている。一般的な可能性を考えることには努力は要らない。しかし、存在の高みに進むと共に可能性の坂は急激に険しさを加えてゆく。頂上に近づけば一歩を運ぶことさえいかに努力を要することか。しかも精神の緊張はちょっと弛めば切れたぜんまいのように巻き戻り、我々は麓の平地に転落する。その危い崖道を通り抜け、道なきところに足を踏みしめて自ら道を切り開き、頂に立つ一瞬。突如として開く大天地。その感動。そこに生れる哲学体系。独創という言葉はここにこそぴったりと使用できよう。哲学は正に個性の昇華である。

しかしながら、このような考え方には根本的な誤りがあるとの反駁(はんばく)のあることを我々は見逃してはいない。というのは、対象的事物を知るのに、それを精神で考え出そうとすること自体に根本的な間違いがある。ものを知るには実物を見ればいいのである。例えば、染色体とは何かということはいくら考えても仕方のないことで、ただ実物を見れば答はただちに得られるではないか！

しかし、そうではない。勿論、考えるだけでは不十分で、出来るだけ見ることは必要である。考えることは常に見ながら考えることでなければならぬ。しかし、いわゆる実物をどれほど眺めても、それだけでは対象を十分に正確に知ることは不可能である。我々の問題は正にその点にあったのである。このことをはっきり理解しなければならぬ。しかも、一つの対象、一つの存在は、存在全体に結びついている。どうして存在全体を一目に見ることが出来ようか。一枚の木の葉にさえ裏があるではないか。殊に存在とは単に物質的空間的なものではなく、精神的、社会的、歴史的なものであるとすれば……。それに、単に多様な存在をばらばらに多く知っても、それではただ一つの存在をほんとうに知ることさえ不可能である。むしろただ一つの存在の存在性を、どこまでも深く掘りさげて追求することが必要である。「笑い」というただ一つの卑近な事柄でさえ、それを深くつきつめてゆけばそのまま立派な存在論となる。考えるとはそのことである。対象を深く理解するためにはまず自分の存在論を深めねばならぬ。自己を深めねばならぬ。そのためには、自己の個性をどこまでも発揮し、開発し、創造しなければならぬ。自己を純化するとは自己を完全に個性化することである。存在は真の個性にその全き姿を現すのである。

哲学が存在と歴史を創造する

しかし、このように考えるなら、結局、哲学は一つの文学と化しはしないか。そうではない。哲学者の探求はどこまでも思索的であり論理的である。可能性から可能性へと理論の整合性の追求である。一方に現実を直視しながら、どこまでも考え抜くのが哲学である。その精神的緊張の極致において理論は存在と合一する。但し理論から存在へは一つの飛躍が必要である。それが直観である。その意味において論理から直観へは非連続である。しかもその直観は論理なくしてはあり得ない。これが哲学的直観というものである。そうして、この時、哲学者は存在の原理に触れる。あとはただその原理を体系化するのみである。その体系が個性をもつのは当然である。

しかし、それにしても、結局、それでは哲学説は客観性を失うことになりはしないか。そうではない。何故なら、その様な哲学説はいずれも存在自体に触れているからである。個性をもつ哲学の表現はそれぞれ独自的であり、体系も独創的である。しかしいずれも存在そのものに触れている以上、その存在の上に立つすべての者に共感を呼び起すのである。哲学説の相違は、存在の原理を把握する深さの深浅と、存在につき入る方向の相違による。もしすべての哲学が真に存在の根源に触れるなら、すべての哲学説は同一となろう。しかしその場合でも、その哲学は個性を喪失するのではない。却ってそれは最も個性的である。いかなる個性ももたぬということほど偉大な個性があろうか！　勿論、こう言うのは個性の皆無という意味ではなく、あらゆる個性を自ら内に蔵するがための無個性である。

しかし、実は、このような最後の存在というものを考えるのは間違いである。それは個を全に吸収し、個の多数性を解消し去ることである。存在を完結したものと考えてはならない。個性の本質はどこまでも個が自己を個性化し、全に対してさえ自己を主張するものでなければならぬ。しかもそれによってはじめて存在全体は死の固定から免れ、無限に生の創造を続け得るのである。存在が哲学を可能にするのではなく、哲学が存在と歴史を創造するのである。

人間のあるだけ哲学もある

我々は、まず、すべての哲学説は個性をもつことを事実として認め、次に、何故哲学は個性をもつかを論述した。結局、哲学が個性をもつのは哲学の本性に由来するのである。このように考えるなら、哲学は個性をもつものであるだけではなく、個性をもたねばならぬものなのである。

しかしながら、個性をもつものを学問として認めることが出来るであろうか。しかし、このような疑問を抱くのは、個性的なものは学問性をもたないと考える先入見によるのである。いったい学問性とは何か。我々は、学問性とは一般的妥当性と必然性をもつことであると考える。従ってもし哲学的個性といわれるものがこの二つの性質をもつならば、哲学が個性的であることは、それが学問であることを否定することとはならないのである。では、その点、哲学はこの二つの条件を満しているであろうか。

我々が小論において考察したところが正しいとすれば、哲学は論理と直観とから成っている。

即ち、哲学の中核はどこまでも直観である。そうして、直観とは主観的個人的なものではなく、各個人がその上に置かれている存在そのものの自覚である。従って、このような正しい意味の直観は一般的妥当性をもつと言わねばならないのである。直観を主観的個人的と考えるのは、この正しい意味の直観を理解せず、また、自らこの正しい直観を行わないからである。

しかし、このようにして、哲学は一般的妥当性をもつとしても、それだけではまだこの学問の必然性は示されていない。しかし、哲学は論理性をもつことによってその必然性を獲得するのである。

では、一般的妥当性の根拠である直観と、必然性を可能にする論理とはどのように結びつくのであろうか。我々はそこに二つの関係を見出した。一つは直観から論理へであり、今一つは論理から直観へである。この点については今それを繰返して詳述することは出来ない、それこそ本論の主題であったのであるから。ただ、ここで一言加えねばならぬことは、実は、直観からの論理と、直観への論理は、具体的には別々にあるのではなく、相互に相補うものであるということである。そうして更に大切なことは、そのようにして合一する論理は、更に、直観とも相補的であるということである。

以上のように考えることが許されるとすれば、哲学が個性的であることは、それの学問性を否定することではないのである。

しかも哲学はその様にして学問性をもつと共に、他面、文学的な個人性と多彩性と独創性をもっている。つまり哲学はあらゆる意味の個性をもっているのである。そうして、そのような個性をもつところにこそ哲学という学問の特異性があり、秀れた哲学の偉大さも、その哲学者の名が冠せられるほどに個性的である点にかかっている。こうして我々は、哲学とは単に個性をもつものではなく、進んで個性をもたねばならぬものであることを結論したいのである。

しかし、それでは人間のあるだけ哲学もあることになりはしないか。正にその通りである。否、そうあるべきものなのである。しかし、事実はそうでない。けれどもそれは哲学が個性的であることを否定することではなく、ただ真に哲学する者が稀であることを告げるにほかならないのである。我々はともすれば既成の哲学をそのまま受け入れてあたかも自ら哲学しているかのように錯覚する。あるいは錯覚せぬにしても、個性に満ちた哲学を自ら作り上げるには、既成の哲学があまりに偉大に個性的なのである。

偉大な個性は小さい個性を吸収する。天才的な哲学者のイズムを破壊することは凡人には不可能である。我々はただその思想の素晴しさに驚嘆し、謙虚にそれに服従し、むしろそれに導かれて自ら思索するほかはない。

しかし、真に哲学するとは、そういうことであってはならない。少なくとも哲学とはそういうものではない。我々は哲学が個性的であることを非難すべきではなく、むしろ真に個性的な哲学の少ないことをこそ悲しまねばならないのである。

解説
山本伸裕（やまもと・のぶひろ）
東京医療保健大学大学院准教授。1969年生まれ。東京大学文学部倫理学専修課程卒、文学博士（大谷大学）。専門は倫理学、日本倫理思想史、仏教学。
著書に『「精神主義」は誰の思想か』（法藏館）、『他力の思想：仏陀から植木等まで』、『日本人のものの見方：〈やまと言葉〉から考える』（いずれも青灯社）、『清沢満之と日本近現代思想：自力の呪縛から他力思想へ』（明石書店）など。校註に『清沢満之集』（岩波文庫）がある。

澤瀉久敬（おもだか・ひさゆき）
大阪大学名誉教授。1904年、三重県伊勢市生まれ。京都帝国大学文学部哲学科卒業。同大で西田幾多郎・九鬼周造の教えを受け、ベルクソンを中心に現代哲学を専門とした。政府招聘留学生としてフランス留学。帰国後、京都帝大講師、大阪帝大講師・教授。文学博士・医学博士。日本における医学哲学の創始者として知られる。1995年没。
著書に、『医学概論』『医学の哲学』（オンデマンド版＝誠信書房）、『「自分で考える」ということ』（角川文庫）など。

NHK BOOKS 1288

哲学と科学［改版］

1967年6月20日　第1刷発行
2024年9月25日　改版第1刷発行

著　者　澤瀉久敬
発行者　江口貴之
発行所　NHK出版
東京都渋谷区宇田川町10-3　郵便番号150-0042
電話 0570-009-321（問い合わせ）　0570-000-321（注文）
ホームページ　https://www.nhk-book.co.jp
装幀者　水戸部 功
印　刷　三秀舎・近代美術
製　本　三森製本所

Printed in Japan　ISBN978-4-14-091288-1 C1310

NHK BOOKS

*自然科学

アニマル・セラピーとは何か　横山章光
免疫・「自己」と「非自己」の科学　多田富雄
生態系を蘇らせる　鷲谷いづみ
快楽の脳科学―「いい気持ち」はどこから生まれるか―　廣中直行
確率的発想法―数学を日常に活かす―　小島寛之
算数の発想―人間関係から宇宙の謎まで―　小島寛之
新版 日本人になった祖先たち―DNAが解明する多元的構造―　篠田謙一
交流する身体―〈ケア〉を捉えなおす―　西村ユミ
内臓感覚―脳と腸の不思議な関係―　福土 審
暴力はどこからきたか―人間性の起源を探る―　山極寿一
細胞の意思―〈自発性の源〉を見つめる―　団 まりな
寿命論―細胞から「生命」を考える―　高木由臣
太陽の科学―磁場から宇宙の謎に迫る―　柴田一成
進化思考の世界―ヒトは森羅万象をどう体系化するか―　三中信宏
イカの心を探る―知の世界に生きる海の霊長類―　池田 譲
生元素とは何か―宇宙誕生から生物進化への137億年―　道端 齊
有性生殖論―「性」と「死」はなぜ生まれたのか―　高木由臣
自然・人類・文明　F・A・ハイエク／今西錦司
新版 稲作以前　佐々木高明
納豆の起源　横山 智
医学の近代史―苦闘の道のりをたどる―　森岡恭彦
生物の「安定」と「不安定」―生命のダイナミクスを探る―　浅島 誠
魚食の人類史―出アフリカから日本列島へ―　島 泰三
フクシマ 土壌汚染の10年―放射性セシウムはどこへ行ったのか―　中西友子

*社会

嗤う日本の「ナショナリズム」　北田暁大
社会学入門―〈多元化する時代〉をどう捉えるか―　稲葉振一郎
ウェブ社会の思想―〈遍在する私〉をどう生きるか―　鈴木謙介
ウェブ社会のゆくえ―〈多孔化〉した現実のなかで―　鈴木謙介
現代日本の転機―「自由」と「安定」のジレンマ―　高原基彰
希望論―2010年代の文化と社会―　宇野常寛・濱野智史
団地の空間政治学　原 武史
図説 日本のメディア［新版］―伝統メディアはネットでどう変わるか―　藤竹 暁／竹下俊郎
情報社会の情念―クリエイティブの条件を問う―　黒瀬陽平
日本人の行動パターン　ルース・ベネディクト
現代日本人の意識構造［第九版］　NHK放送文化研究所 編
争わない社会―「開かれた依存関係」をつくる―　佐藤 仁

※在庫品切れの際はご容赦下さい。

NHK BOOKS

*文学・古典・言語・芸術

日本語の特質　金田一春彦
言語を生みだす本能（上）（下）　スティーブン・ピンカー
思考する言語―「ことばの意味」から人間性に迫る―（上）（中）（下）　スティーブン・ピンカー
ドストエフスキイ―その生涯と作品―　埴谷雄高
ドストエフスキー　父殺しの文学（上）（下）　亀山郁夫
英語の感覚・日本語の感覚―〈ことばの意味〉のしくみ―　池上嘉彦
英語の発想・日本語の発想　外山滋比古
絵画を読む―イコノロジー入門―　若桑みどり
フェルメールの世界―17世紀オランダ風俗画家の軌跡―　小林頼子
子供とカップルの美術史―中世から18世紀へ―　森　洋子
形の美とは何か　三井秀樹
オペラ・シンドローム―愛と死の饗宴―　島田雅彦
伝える！　作文の練習問題　野内良三
宮崎駿論―神々と子どもたちの物語―　杉田俊介
万葉集―時代と作品―　木俣　修
西行の風景　桑子敏雄
深読みジェイン・オースティン―恋愛心理を解剖する―　廣野由美子
スペイン美術史入門―積層する美と歴史の物語―　大髙保二郎ほか
「古今和歌集」の創造力　鈴木宏子
最新版　論文の教室―レポートから卒論まで―　戸田山和久
「新しい時代」の文学論―夏目漱石、大江健三郎、そして3・11後へ―　奥　憲介
「和歌所」の鎌倉時代―勅撰集はいかに編纂され、なぜ続いたか―　小川剛生

*教育・心理・福祉

身体感覚を取り戻す―腰・ハラ文化の再生―　斎藤　孝
子どもに伝えたい〈三つの力〉―生きる力を鍛える―　斎藤　孝
孤独であるためのレッスン　諸富祥彦
内臓が生みだす心　西原克成
母は娘の人生を支配する―なぜ「母殺し」は難しいのか―　斎藤　環
福祉の思想　糸賀一雄
アドラー　人生を生き抜く心理学　岸見一郎
「人間国家」への改革―参加保障型の福祉社会をつくる―　神野直彦

※在庫品切れの際はご容赦下さい。